Josef Scheibel
Robert Scheibel

Digitale Fotografie – Grundlagen

Josef Scheibel
Robert Scheibel

Digitale Fotografie

GRUNDLAGEN

vfv

Die Herkunft der Abbildungen ist in den Bildtexten vermerkt. Verlag und Autoren danken folgenden Firmen für die Überlassung von Bildmaterial: Ansmann, Canon, Casio, DataPlay, Epson, Fujifilm, Hama, Hewlett Packard, IBM, Ilford, Jobo, Kaiser, Kodak, Lexar, Nokia, Olympus, Panasonic, Rollei, Sony und Trust.

Ulla Schmitz nahm ihre Bilder für dieses Buch mit den Fujifilm Kameras FinePix 4900 Zoom und FinePix 6900 Zoom auf.

Grafiken auf den Seiten 10, 32 und 35: Heinz Markloff.

Alle nicht gekennzeichneten Abbildungen stammen von den Autoren Josef und Robert Scheibel.

Autoren und Verlag haben sich bemüht, die vielfältigen Funktionen und Ausstattungsmerkmale der beschriebenen Geräte in all ihren Varianten und Auswirkungen korrekt wiederzugeben und zu interpretieren. Trotzdem sind bei aller Sorgfalt Fehler nicht völlig auszuschließen. Wir sind unseren Lesern deshalb stets dankbar für konstruktive Hinweise. Eine Haftung der Autoren bzw. des Verlags für Personen-, Sach- und Vermögensschäden ist ausgeschlossen.

Warennamen werden ohne Gewährleistung der freien Verwendbarkeit benutzt.

Das Buch entstand mit freundlicher Unterstützung
der Fuji Photo Film (Europe) GmbH.
Printed in Germany

ISBN 3-88955-128-9

Inhaltsverzeichnis

Vorwort

Das Fotografieren mit digitalen Kameras wird immer populärer und interessanter. Der hohe »Funfaktor« der Digital-Fotografie ist unbestritten. Gerade die Kameras der Consumer-Klasse, mit denen sich dieses Buch schwerpunktmäßig befasst, sind üppig ausgestattet, bieten ein breites Funktionsspektrum und werden fototechnisch immer anspruchsvoller. Um es einmal so zu sagen: Mit modernen Digitalkameras kann man nicht nur Bilder knipsen, sondern man kann damit richtig fotografieren! Zweckgerecht eingesetzt, übernehmen Digitalkameras die Rolle eines intelligenten Kommunikations-Werkzeugs.

Digital-Fotografen, wie man die mit der Digitalkamera hantierenden Menschen halbwegs zutreffend und geschlechtsneutral nennen mag, sollten sich mit den Kamerafunktionen und ihrer Anwendung auskennen. Wir stellten uns die Aufgabe, in diesem Buch die Grundlagen allgemein verständlich, aber dennoch gründlich und exakt zu erklären – nichtssagenden Fachjargon haben wir uns verkniffen. Damit sich das Buch auch gut als Nachschlagewerk gebrauchen lässt, haben wir es mit besonders detailliertem Inhaltsverzeichnis und Sachregister sowie einem Glossar ausgestattet.

Zum ersten geht es um das Basiswissen für den erfolgreichen und sachgerechten Einsatz von Kameras und Zubehör, zum anderen um Informationen, die man braucht, um die technischen Daten und Geräte-Ausstattungen zu verstehen und richtig zu bewerten. Diese Art von Kaufberatung befähigt den Leser dazu, zielgerecht die Geräte zu finden, die sich für seine Wünsche und Anforderungen am besten eignen. Mit dem simplen und schon morgen unaktuellen Empfehlen irgendwelcher Kameratypen ist es nämlich keineswegs getan. Was der eine mag und erfolgreich einsetzt, kann sich beim nächsten als Fehlkauf erweisen.

Vor dem Kauf und erst recht wenn die Kamera vor einem steht, sind Anregungen wertvoll, was man mit dem guten Stück so alles anstellen kann. Das beginnt im familiären Umfeld und Freundeskreis, geht über Urlaub und Reisen bis hin zu Anwendungen im Vereinsleben oder Beruf. Wir haben diesbezüglich einiges zusammengetragen – und weil der Anregungen so viele sind, ist das Ganze schematisch geordnet und telegrammstilartig getextet.

Die Speicherkarte ist voll, die Aufnahmen wurden auf dem Monitor oder Fernsehgerät betrachtet, was nun? Zunächst ist meistens etwas Bildbearbeitung angesagt. Wer gern Papierbilder hätte, druckt die Dateien auf dem eigenen Printer aus, bedient sich eines Terminals beim Fotohändler oder anderer Dienste – das Angebot wird immer größer. Digitale Fotografie und Internet, das wächst mehr und mehr zusammen. Dort, im weltweiten web, können Bilddaten in Alben gespeichert und Papierbilder davon geordert werden. Über die vielen Möglichkeiten der Weiterverwertung berichten wir ausführlich und aktuell. Übrigens finden Sie auch uns im Internet, und zwar unter http://www.scheibel-ing.de. Jetzt bleibt uns nur noch, Ihnen bei der Lektüre dieses Buches und beim digitalen Fotografieren viel Spaß und Erfolg zu wünschen.

Robert Scheibel Josef Scheibel

Einführung in die digitale Fotografie

Vor rund zwanzig Jahren wurde die erste elektronische Stehbildkamera (Still-Video-Kamera) von Sony angekündigt, die das Ladungsbild des lichtelektrischen Empfängers analog auf Disketten aufzeichnete. Weitere Kameras dieses Typs mit höchstens Video-Bildqualität folgten von anderen Herstellern. Teilweise handelte es sich um Rückteile für konventionelle Spiegelreflexkameras. Auf der photokina 1988 waren digitale Prototypen (mit Speicherkarten) von Fujifilm und Toshiba zu sehen. Zwei Jahre später gab es die ersten digitalen Stehbildkameras zu kaufen – es waren umgebaute Spiegelreflexkameras für professionelle Zwecke.

Elektronische Stehbildkameras, heute Digitalkameras, basieren auf dem gleichen Funktionsprinzip, sind mechanisch und optisch ähnlich aufgebaut wie analoge Kameras. Das Objektiv projiziert eine Abbildung des Motivs auf eine lichtempfindliche Fläche, wobei Blende und Belichtungszeit für die passende Lichtmenge sorgen. Aber in einem wichtigen Punkt unterscheidet sich die digitale von der analogen Fotografie: In Digitalkameras sitzt an der Stelle des Films ein lichtempfindlicher Halbleiter, der Bildsensor (CCD oder CMOS), dessen elektrische Signale in digitaler Form aufbereitet und als Bilddateien auf Speicherkarten, Memory Sticks, CDs, Miniatur-Festplatten etc. gespeichert werden. Die Wirkungsweise des Films, der Lichtinformationen registriert und gleichzeitig speichert, wird bei der Digitalkamera also auf zwei Komponenten verteilt, was recht tiefgreifende anwendungstechnische Konsequenzen hat.

In die analoge Kamera legt man je nach Bedarf einen Film mit mehr Feinkörnigkeit und Auflösungsvermögen oder mit höherer Empfindlichkeit ein. Wenn bessere Filme auf den Markt kommen, partizipiert man jederzeit davon. Zwar lässt sich auch bei den meisten Digitalkameras die Empfindlichkeit variieren, aber die Bildsensoren sind fest eingebaute Gerätekomponenten, und wer die Leistung der neuesten Sensor-Generation nutzen möchte, muss eine neue Kamera kaufen.

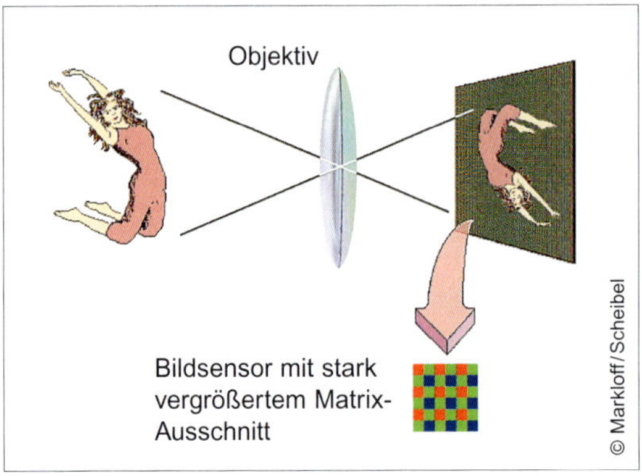

Matrixsensoren entsprechen ihrem Aufbau nach eher dem menschlichen Auge als chemischem Filmmaterial. Millionen rot, grün und blau gefilterte Elemente oder Fotozellen sind in einer Matrix angeordnet. Die Lichtintensität wird in den Elementen in elektrische Signale umgewandelt.

Digital und analog Fotografieren

In der fotografischen Praxis und der Bildgestaltung unterscheiden sich die digitale Fotografie und die analoge Fotografie auf Film recht wenig voneinander. Man legt den Bildausschnitt fest, stellt Belichtungszeit, Blende und Schärfe ein (das geht heute normalerweise automatisch) und drückt im rechten Moment auf den Auslöser.

Manchmal mag der Eindruck entstehen, die digitale Fotografie sei vorzugsweise mit bestimmten Motiven, Objekten und Anwendungsbereichen verbunden, ja darauf beschränkt. Natürlich gibt es fotografische Anwendungen, für die sich die digitale Fotografie (oder auch die analoge Fotografie) besser eignet, geradezu anbietet. Bei genauer Betrachtung finden sich jedoch kaum noch vernünftige Gründe, irgendetwas irgendwo nicht mit einer Digitalkamera aufzunehmen. Auch die bis vor kurzem berechtigte Einschränkung, die Digitalfotografie eigne sich wegen des begrenzten Bildspeichervermögens weniger für Urlaub und Reise, verliert angesichts des heutigen Entwicklungsstands an Bedeutung. Allerdings bietet trotz erschwinglicher, leistungsstarker Multimedia-Projektoren und hoher Auflösung die digitale Fotografie nach wie vor keine echte Alternative für Dia- und Projektionsfreunde. Das dürfte auch noch eine Weile so bleiben, aber sich spätestens ändern, wenn ohnehin ultragroße TV-Flachbildschirme an der Wand hängen.

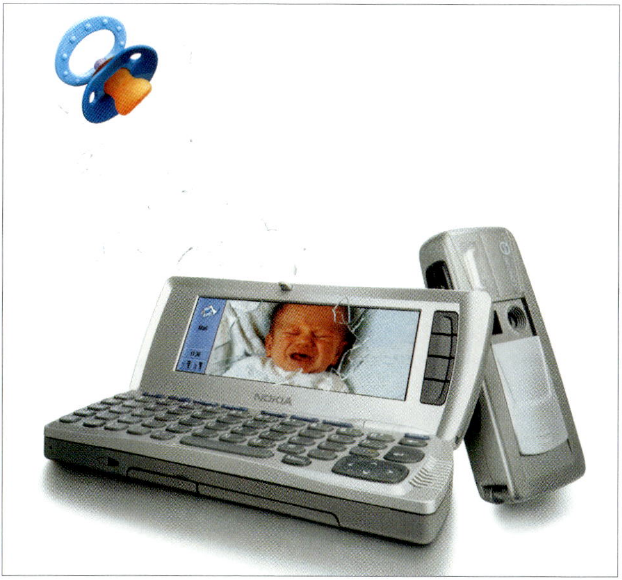

Mobile Bildkommunikation der Zukunft mit Handy-Unterstützung: Beispielsweise kann das Nokia Handy mit E-Mail und Internetzugang auch Bilddaten per drahtloser Infrarot-Übertragung von einer Digitalkamera übernehmen, anzeigen und weiterversenden. Foto: Nokia

Vom Kleinbild-Farbdia mit mehr als 20 Millionen Informationseinheiten und überragender Farbqualität ist die gängige digitale Fotografie noch ein Stück entfernt. Allerdings: Mit enorm aufwendigen Geräten und ebensolcher Aufnahmetechnik erreicht und überschreitet die digitale Fotografie diesen Qualitätsstandard bereits – mit Bilddateien in Größenordnungen weit über 60 Megabyte, die sich nur auf sehr leistungsfähigen Computern vernünftig speichern und bearbeiten lassen. Für die analoge Aufnahme spricht neben der hohen Bildqualität die Verfügbarkeit von Filmen mit höchster Empfindlichkeit, spezieller Gradation oder Farbsensibilisierung.

Die Digitalfotografie bewährt sich ganz besonders als elektronische Variante der **Sofortbild-Fotografie**. Man kann die Aufnahmen innerhalb kürzester Zeit auf dem Kameramonitor oder einem Fernsehgerät betrachten. Sie lassen sich direkt oder mit einem kleinen Umweg über den Computer sofort ausdrucken. Und ohne Umweg über Scanner können die Bilddaten beispielsweise per E-Mail und sogar mit Handy blitzschnell an jeden Ort der Erde übertragen werden. Die Fotos von einer Party oder Konferenz im abgelegenen Taunusort stehen noch während der Veranstaltung als Papierbilder zur Verfügung. Bevor der Drucker seine Arbeit geschafft hat, betrachten Freunde oder Geschäftspartner die Bilder auf einem Computer-Monitor in Vancouver oder Osaka. Da erweist sich in der Praxis höchstens noch die Zeitverschiebung als hinderlich!

Digitale Bilder lassen sich direkt in Multimedia-Umgebungen einbinden, auf Bildschirmen präsentieren und über Datennetze oder Funkstrecken übertragen. Bilddaten kann man im allgemeinen leichter archivieren als Film- oder Papierbilder, da sie ohne zusätzliche Scanvorgänge direkt mit Datenbank-Software zu verwalten sind. Vorteilhaft ist auch, dass sich digitale Daten im Gegensatz zu Filmbildern beliebig oft verlustfrei und kostengünstig kopieren lassen. Andererseits kommt man bei der visuellen Suche nach Bildern und der Bildauswahl immer noch schneller voran, indem man Diahüllen sichtet oder Papierbilder durchblättert, wofür man nicht einmal Geräte braucht.

Äpfel und Birnen – Digital kontra Analog

Digitale Bilddaten werden stufig als numerische Werte verarbeitet und aufgezeichnet. Die Zahlenkolonnen aus »0« und »1« lassen sich leicht elektronisch speichern, bearbeiten, kopieren und per Datenübertragung verschicken. Das analoge Bild auf lichtempfindlichem Material wie Film oder Papier gibt stufenlos die Helligkeits- und Farbwerte des Objekts wieder (analog = ähnlich, entsprechend). Hier zeichnet sich schon ab, dass sich digitale und analoge Bilder hinsichtlich Bildqualität und Informationsinhalt nur schwer miteinander vergleichen lassen. Direkte Umrechnungen sind eigentlich nicht möglich, was auch die sehr unterschiedlichen Pixel-Referenzwerte für Filmbilder erklärt – das Kleinbilddia setzt sich nun einmal nicht aus digitalen Informationseinheiten zusammen.

Bezüglich der **Archivfestigkeit** sind verschiedene Aspekte zu berücksichtigen: Filme und Papierbilder altern; Digitaldaten lassen sich verlustfrei durch schlichtes Kopieren immer wieder auffrischen. Ob man allerdings die heutigen Bildformate und Speichermedien nach einigen Jahren noch ohne weiteres lesen kann, sei dahingestellt. Da wird nichts anderes übrig bleiben, als die Bilddaten immer rechtzeitig auf die aktuellen Formate und Speichermedien zu übertragen. Die digitale Bildspeicherung neigt stärker zu Totalschäden als die analoge. Beschädigte Film- und Papierbilder sind meistens noch verwendbar; Kratzer oder Flecken können oft wegretuschiert werden (am einfachsten mittels Einscannen und digitaler Bildbearbeitung). Wird jedoch eine Bilddatei durch verschmutzte oder defekte Datenträger, Fehlbedienung, Hardware-Ausfall

Kompakt-Digitalkameras sind nicht nur klein und leicht, sondern im Sinne des Wortes sehr handlich. Trotzdem blieb bei der FinePix 2600 Zoom noch Platz für ein dreifaches Zoomobjektiv und eine reichhaltige Ausstattung. Foto: Fujifilm

etc. beschädigt, lässt sie sich meistens nicht mehr öffnen oder wiederherstellen, womit das digitale Bild ganz verloren ist. Als wirksame Vorbeugung empfiehlt sich die Sicherungskopie (back-up file) auf einem anderen Datenträger.

Kameratypen

Die Palette der angebotenen Digitalkameras reicht von der Billigkamera bis zur Spiegelreflexkamera mit Wechseloptik und Scannerkamera für Studiozwecke. Digitalkameras mit einfachster Ausstattung sind schon für wenig Geld zu haben, aber zum Teil eher Spielzeuge als ernst zu nehmende Aufnahmegeräte. Wenn allerdings die Qualität von Objektiv und Kamera einigermaßen stimmt, genügt die »Bildschirm-Auflösung« solcher Kameras durchaus für ein kleines Monitorbild oder für ein Web-Bild, wobei man allerdings keine hohen Ansprüche an Farb- und Kontrastwiedergabe stellen darf. Bei etwas höherer Pixelzahl (z.B. 1024 x 768) können Papierbilder bis Postkartengröße ganz brauchbar sein.

Ideal für Geheimagenten: die SpyCam 100 mit den Maßen 125 x 33 x 18 mm. Die Aufnahmen entstehen auf einem CMOS-Sensor mit 352 x 288 Pixel. Bis zu 80 Bilder passen in den eingebauten 2 MB großen Speicher. Foto: Trust

Digitale Kompaktkameras

Die Mehrzahl der digitalen Kameras gehört in die Kategorie »Kompaktkameras«. Ein LCD-Farbmonitor muss eingebaut sein, aber auch ein guter optischer Sucher (Durchsicht-Sucher) sollte nicht fehlen. Standard ist das kleine eingebaute Elektronenblitzgerät für Schnappschüsse aus kürzerem Abstand und zum Aufhellen; der Anschluss für externe Blitzgeräte gehört noch eher zur Sonderausstattung. Ob die Kamera mit Zoomobjektiv oder festbrennweitigem Objektiv ausgestattet ist, hat etwas mit kompakter Baugröße und auch mit dem Preis zu tun. Je nach Objektivbestückung reicht eine feste Schärfentiefe-Einstellung (Fixfokus) aus oder der Autofokus sorgt automatisch für Schärfe. Die manuelle Scharfeinstellung kann nützlich sein, ist aber nicht immer möglich.

Ein Beispiel für eine digitale Spiegelreflex-Systemkamera. Dieser Kameratyp ähnelt nicht nur im Aussehen, sondern auch in Aufbau und Ausstattung den Modellen für die Fotografie auf Film. An die FinePix S1 Pro passen Wechselobjektive von Nikon. Foto: Fujifilm

Die Belichtungssteuerung funktioniert im allgemeinen vollautomatisch, kann jedoch auch manuell erfolgen oder korrigiert werden. An elektrischen Anschlüssen sind neben der Computer- und Druckerverbindung ein Video-Ausgang und eine Netzgerätebuchse wünschenswert. Alles in allem ähneln die Digital-Kompaktkameras bis auf ihre elektronischen Features kameratechnisch stark ihren filmbestückten Schwestern.

Kameras mit Spiegelreflexprinzip

In der analogen Fotografie heißt es, für Profi-Ansprüche brauche man eine Spiegelreflexkamera. Das gilt im Prinzip auch für die digitale Fotografie. »Spiegelreflex« steht für Vielseitigkeit durch perfekte Bildkontrolle in allen Bereichen. Anfangs gab es noch gewaltige Preisunterschiede zwischen Digital-Spiegelreflexkameras mit fest eingebauten Zoomobjektiven und Systemkameras mit Wechselobjektiven. Diese Preisdifferenzen werden kleiner, Digital-Spiegelreflexkameras mit Wechseloptik und häufig weitgehender Kompatibilität zu analogen Kamerasystemen werden immer erschwinglicher. Erfreulich: Die Bildsensoren in diesen Kameras erreichen etwa die Größe eines Halbformat- oder APS-Filmbilds, so dass der Bildwinkel der Kleinbild-Objektive weniger beschnitten wird. Und es gibt bereits erste Modelle mit Sensoren im vollen Kleinbildformat!

Kameras mit dem elektronischen EVF-Sucher arbeiten sozusagen nach dem Spiegelreflex-Prinzip, obwohl es bei ihnen den typischen Umlenkspiegel (und seine Nachteile) nicht gibt. Ein winziges LCD-Bild wird ungestört von Nebenlicht durch eine starke Lupe betrachtet. Diese Ent-

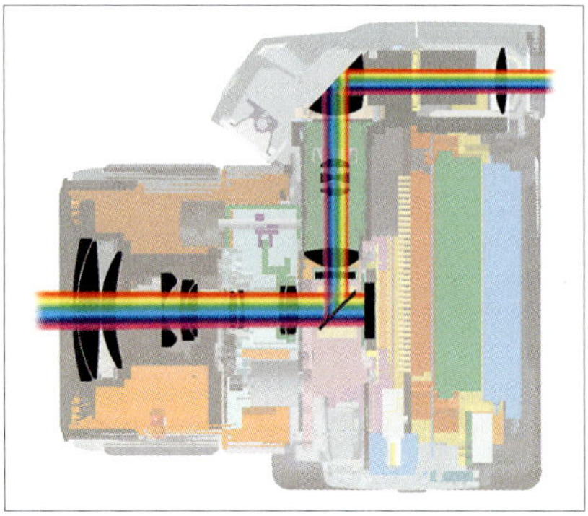

Aufbau einer speziell für die Digitalfotografie konzipierten Spiegelreflexkamera. Der Spiegel wird für die Aufnahme seitlich weggeschoben. Grafik: Rollei

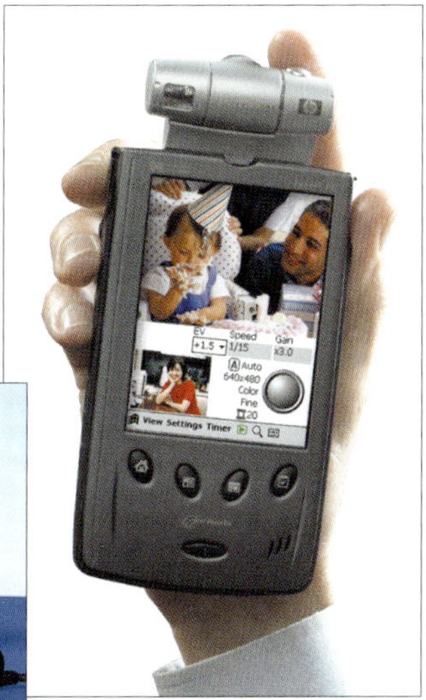

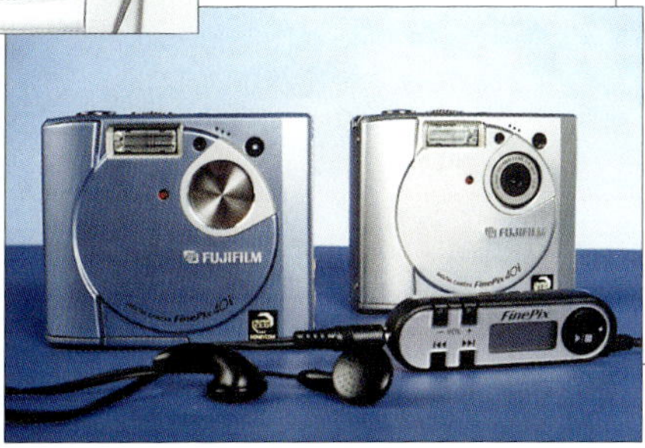

Die digitale Kamera für das Handgelenk ermöglicht bis zu 80 farbige Schnappschüsse, die sich per Infrarot zum PC übertragen lassen (Casio). Die Kombination mit einem MP3-Player (Fujifilm) gibt es genauso wie einen Minicomputer mit Kamera-Aufsatz (Hewlett Packard).

wicklungsrichtung ist viel versprechend und könnte bei höherer Auflösung des LCD-Bilds den konventionellen Spiegelreflexsucher verdrängen. Das zur Zeit benutzte Kürzel »EVF« beschreibt das Prinzip ungenügend – wie wäre es statt dessen mit TTL-Sucher?

Nach wie vor auch preislich im Profibereich liegen die Digital-Rückteile für Mittelformat-Kameras mit austauschbaren Filmmagazinen. Schon zu Still-Video-Zeiten gab es Rückteile für Kleinbild-Spiegelreflexkameras. Diesem Ansatz folgt die »digitale Filmpatrone« (e)film, die man anstelle eines Films in normale Kleinbild-Spiegelreflexkameras einlegen kann. Zur Zeit ist der CMOS-Chip (1,3 Mio. Pixel) in der Filmebene noch erheblich kleiner als 24 x 36 mm, was die Einsatzmöglichkeiten deutlich einschränkt. Es könnte sein, dass in absehbarer Zeit CCDs in Kleinbildgröße und mit über 6 Mio. Pixel für diesen Zeck verfügbar sind.

Digitalkamera-Spezialitäten

Camcorder mit Fotofunktion gibt es schon lange. Allerdings ließ die geringe Bildqualität und das Durcheinander von Lauf- und Stehbildaufnahmen auf der Videokassette kein rechtes Vergnügen aufkommen. Hier zeichnen sich neue Multimedia-Dimensionen ab: Digitale Videokameras bieten nicht nur immer bessere Fotoqualität mit Pixelzahlen zwischen VGA und zur Zeit 1,3 Millionen (JVC erreicht mit Lens-Shift-Technik fast zwei Millionen Pixel), sondern auch Stehbild-Features wie separates Speichermedium, eingebautes Elektronenblitzgerät, Stehbildausgang für Computer und Drucker, ja sogar das DPOF-Bestellformat. Umgekehrt gibt es digitale Fotokameras, mit denen man längere Videoclips in VHS-Qualität aufzeichnen kann.

Winzige Digitalkamera-Ansätze machen (Handheld-)Computer zum fotografischen Notizbuch oder geeignete Handys zum

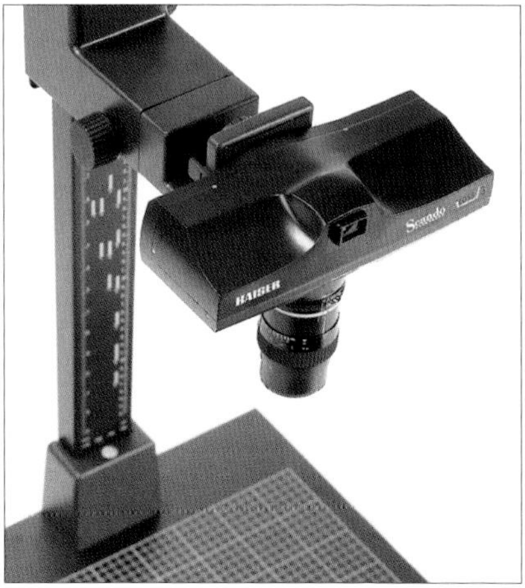

Die Kaiser Scando icoss/3 als Beispiel für eine Scanner-Kamera mit Kleinbild-Wechselobjektiven. Auf einer Scanfläche von 29 x 37 mm werden 16,8 Mio. Pixel in einem Durchgang erfasst. Foto: Kaiser

drahtlosen Bildsender. Die Auflösung solcher Geräte erreicht naturgemäß nur Monitorwerte (VGA) und die fototechnische Ausstattung beschränkt sich auf das Notwendigste. Die direkte Bildübertragung aus hochwertigen Digitalkameras über das Mobiltelefon ist ebenfalls möglich.

Es bietet sich an, Digitalkameras mit anderen Digitalgeräten zu kombinieren. Dafür einige Beispiele: Ein multifunktionaler Handheld-Computer ist gleichzeitig MP3- und Video-Player, Diktiergerät und Kamera. In eine kleine, überraschend reichhaltig ausgestattete und leistungsfähige Digitalkamera (2,4 Megapixel) sind AVI-Videofunktion und MP3-Player integriert (Fujifilm). Von Casio werden »Wrist Cameras« im Armbanduhren-Look angeboten. Kleine Digitalkameras sind fest in Notebook-Computer eingebaut (Sony). Und Kodak kombiniert das Global Positioning System (GPS) mit Digitalkameras, die dann exakte Positionsangaben mit dem Digitalfoto abspeichern.

Nicht zu vergessen sind digitale Spezialkameras wie beispielsweise die Rollei d 7 metric für die photogrammetrische Erfassung und Auswertung von Bilddaten; oder Aufsetzkameras (z.B. von Fujifilm, Leica und Olympus) für Mikroskope und andere optische Instrumente.

Scanner-Kameras

Digitalkameras und Scanner sind technisch nah verwandt. Beide erzeugen von analogen Vorlagen digitale Bilddateien. In der professionellen Fotografie werden für Aufnahmen mit höchster Auflösung (wir wissen von über 250 Millionen Pixel) so genannte Scanner-Kameras und Scanner-Rückteile eingesetzt. Diese Geräte nehmen das Bild nicht komplett innerhalb einer kurzen Belichtungszeit mittels Flächen-CCD auf, sondern arbeiten ähnlich wie die bekannten Flachbett- und Filmscanner mit Zeilen-CCDs, die das Bild in einem oder mehreren Durchläufen abtasten. Natürlich müssen Kamera und Objekt während dieser sekunden- bis minutenlangen Scanzeit absolut stillstehen und auch die Beleuchtung muss konstant sein (Blitzlicht geht nicht).

Solche »optischen Scanner« basieren häufig auf Objektiv- und Kamerasystemen im Kleinbild- bis Planfilmformat. Das bringt neben der Systemkompatibilität auch den Vorteil, dass hinsichtlich Schärfentiefe etc. gewohnte fotografische Bedingungen vorliegen. Wegen der enormen Dateigrößen bis zu mehreren 100 Megabyte werden Scanner-Kameras im allgemeinen über ultraschnelle Schnittstellen (Firewire, SCSI, sogar über Lichtleiter) direkt am Computer betrieben und besitzen keine eigenen Speicher. Scanner-Kameras können wegen der völlig anders gearteten Produkt- und Anwendungstechnik in diesem Buch nicht berücksichtigt werden.

Tipps für den Kamerakauf

Das Angebot an Digitalkameras ist mittlerweile so umfangreich, dass die Entscheidung für ein bestimmtes Modell nicht unbedingt leicht fällt. Der hauptsächliche Einsatzzweck, die Entscheidung für bestimmte Systeme, persönliche Vorlieben und der Anschaffungspreis spielen eine wichtige Rolle. Bei Preisvergleichen auf den Lieferumfang achten: Welche Kapazität besitzt die mitgelieferte Speicherkarte? Gehören Ladegerät, Akkus, Netzgerät oder Tasche zum Standardzubehör? Welche Software ist beigefügt?

Eine gute Hilfe geben die regelmäßig in Fachzeitschriften erscheinenden Marktübersichten, wenn auch aus Platzgründen manchmal viele Details außen vor bleiben müssen. Da hilft nur der Blick in Prospekte und technische Daten. Und für die abschließende Beurteilung sollte man das Wunschmodell schon mal in der Hand gehalten haben.

Dieses Buch ist gefüllt mit Informationen, die als Kaufkriterien dienen können. Man braucht nur in den entsprechenden Kapiteln nachzuschlagen, um etwas über Anwendungsbereiche und die dafür erforderliche Kamera-Ausstattung zu erfahren. Oder über die Vor- und Nachteile von Akkutypen, Speicherkarten und Schnittstellen.

Einige wichtige Aspekte möchten wir an dieser Stelle zu übersichtlichen Checklisten zusammenfassen.

Bildqualität, Auflösung und Objektiv

► Die erforderliche Auflösung richtet sich nach Ausgabemedium und -größe. Für Monitordarstellung (Internet, TV-Präsentation) und Druckausgabe mittlerer Qualität bis DIN A6 genügen schon eine Million Bildpunkte. Mit zwei Millionen Pixel kommt man folglich bis DIN A5 und 3,3 Millionen Pixel ermöglichen Tintenstrahldrucke bis DIN A4 und hochqualitativen Buchdruck bis 20 x 15 cm. Stehen 6 Megapixel zur Verfügung, sind Buchdruck und Fotoprints bis fast DIN A3 machbar.

Wer Tiere fotografieren will, braucht möglichst lange Objektivbrennweiten. Das gilt für Zoo und Tierpark, aber ganz besonders für die freie Wildbahn. Kleinbild-Referenzwerte über 110 mm sollte das Zoomobjektiv auf jeden Fall erreichen. Je länger, umso besser! Hilfreich ist ein Televorsatz.
Foto: Hans Dieter Brandl

Wer kleine Objekte groß abbilden möchte, braucht eine Digitalkamera, die kurze Aufnahmeabstände ermöglicht bzw. ein möglichst kleines Objektfeld erfassen kann.

► Wählbare Qualitätsstufen (Auflösung und Komprimierung) ermöglichen die Anpassung an Verwendungszweck und Speicherplatz. Wer höchste Ansprüche an die Bildqualität stellt, sollte sich für eine Kamera mit Optionen für TIFF bzw. »unkomprimierte Speicherung« entscheiden.
► Ein Objektiv mit verstellbarer Brennweite (Zoom) lohnt sich, wenn unterschiedlichste Motive fotografiert werden. Und im Gegensatz zum Digital-Zoom werden stets alle Pixel genutzt.
► Wer sehr lange Brennweiten benötigt, findet Zoomobjektive mit Telebrennweiten bis etwa 400 mm (bezogen auf Kleinbildkamera). Auch hochwertige, optisch dem betreffenden Objektiv angepasste Televorsätze sind eine gute Lösung.
► Sollen Nahaufnahmen gemacht werden, ist weniger der kürzestmögliche Objektabstand, sondern das kleinste erfassbare Objektfeld entscheidend.
► Lässt sich bei Bedarf Objektivzubehör wie Konverter und Filter anbringen? Vorhanden sein sollte ein Einschraubgewinde, eine spezielle Halterung oder wenigstens ein gerades Tubusende für Aufsteckfassungen.

Ausstattung und Funktionen

► Für die schnelle, einfache Betrachtung und Vorführung von Aufnahmen ist ein Anschluss für Fernsehgeräte nützlich. Darauf achten, dass der Video-Ausgang die passende Fernsehnorm unterstützt. Für Weltreisende könnte eine Digitalkamera mit Umschaltung zwischen PAL und NTSC sinnvoll sein.
► Ein optischer Sucher zusätzlich zum LCD-Monitor hilft beim Stromsparen und bei hellem Sonnenlicht.
► Praktisch alle Digitalkameras besitzen eingebaute Blitzgeräte. Ein Anschluss für externe Blitzgeräte (Buchse, Blitzschuh) ist selten, aber für optimale Blitzaufnahmen wichtig.
► Große Unterschiede bestehen in puncto Aufnahmebereitschaft und Bildfolgezeit. Für schnelle Bildserien kommen nur bestimmte Modelle in Frage.

Mit der digitalen Spiegelreflexkamera von Kodak ist ein GPS-Empfänger verbunden, damit die Positionsdaten des Aufnahmeorts automatisch in die Aufnahme übernommen werden können. Foto: Kodak

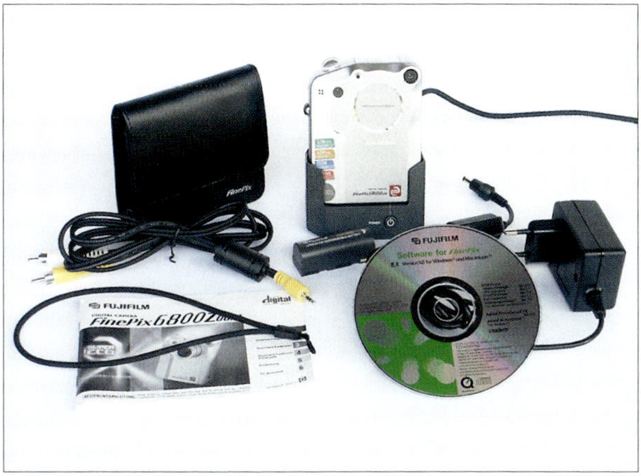

Digitalkamera, umgeben vom Zubehör wie Docking-Station mit USB-Kabel, Bedienungsanleitung, Software (CD), Video-/Audio-Kabel, Akku, Netzgerät, Tasche und Handschlaufe. Die mitgelieferte SmartMedia-Speicherkarte befindet sich in der Kamera.

► Die manuelle Einflussnahme auf Funktionen wie Belichtung, Scharfeinstellung und Weißabgleich ist für zahlreiche Anwendungen abseits der Schnappschuss-Fotografie von Wert.
► Manche Digitalkameras bieten weitergehende Funktionen für die Bildbearbeitung, die man normalerweise einfacher auf dem Computer vornimmt. Sinnvoll sind solche Features, wenn Aufnahmen aus der Kamera direkt genutzt werden sollen (z.B. für die Druckausgabe).
► Für berufliche Anwendungen kann es interessant sein, Datum/Uhrzeit oder Standort-Koordinaten (GPS) im Bild erscheinen zu lassen.
► Einige Digitalkameras können nicht nur Stehbilder aufnehmen, sondern auch Ton und bewegte Bilder. Das Aufzeichnen gesprochener Kommentare zu Einzelbildern erspart zum Beispiel das Anfertigen von schriftlichen Notizen.

System und Kompatibilität

► Beim Auswählen einer Digitalkamera fällt auch die Entscheidung für bestimmte Speichermedien, Schnittstellen und Stromversorgungen. Wie passen sich diese in eine eventuell schon vorhandene Hardware-Umgebung ein?
► Bei den Speichermedien sind folgende Aspekte von Gewicht: Verbreitung, Kompatibilität und Zukunftssicherheit,

Eine Tastenkombination für vier Wirkrichtungen kann Aufgaben übernehmen beim Navigieren durch Menüs, Einstellen von Werten und Blättern bei der Bildwiedergabe. Bei der FinePix 6800 Zoom verdeutlicht das Anzeigefenster in der Mitte die aktuelle Tastenfunktion. Foto: Fujifilm

erhältliche Kapazitäten, Preis pro Medium, Kosten pro Megabyte, Verfügbarkeit von Adaptern und Lesegeräten.

► Verwendet die Kamera zum Abspeichern bereits gebräuchliche Dateitypen wie JPEG und TIFF, entfällt die Umwandlung der Bilddateien vor der Weiterverwendung.

► Die Schnittstelle zur Datenübertragung (per Kabel oder drahtlos) sollte einfach zu benutzen und ausreichend schnell sein. Die herkömmliche serielle Schnittstelle RS-232C ist für große Bilddateien und häufige Transfervorgänge kaum noch zumutbar. Derzeitiger Standard ist USB.

► Auf jeden Fall soll sich eine Digitalkamera mit wiederaufladbaren Akkus betreiben lassen. Zur Wahl stehen allgemein verbreitete Zellentypen und spezielle Systeme, die zwar leistungsfähig, aber in anderen Geräten nicht einsetzbar sind. Ein Anschluss für ein Netzgerät sollte vorhanden sein.

► Welches Zubehör bietet der Hersteller für die Kamera zur Erweiterung der Einsatzmöglichkeiten an? Schließen Zubehörfirmen eventuell vorhandene Lücken?

Digitalkameras mit dieser eleganten und flachen Bauform unterscheiden sich in Aussehen und Handhabung deutlich von konventionellen Kompaktkameras. Foto: Fujifilm

Handhabung, Design und Robustheit

► Ausprobieren, ob die Kamera gut in der Hand liegt und sich unverkrampft bedienen lässt.

► Die Bedienungskonzepte sind recht unterschiedlich. Wer wenige Tasten und umfangreiche Menüs mag, wird genauso fündig wie jemand, der lieber eine Funktion per Taste (oder am Drehring) direkt aufruft, anstatt sie im Menü zu suchen. Je schneller man in beiden Fällen mit der Kamera zurechtkommt, desto besser.

► Zum Teil lassen sich die Menütexte in verschiedenen Sprachen anzeigen, u.a. in Deutsch, was die Bedienung erleichtern kann (eine gute Übersetzung vorausgesetzt).

► Vom edlen Leichtmetall-Body bis zum knirschenden Plastikgehäuse ist alles zu haben. Natürlich gibt es auch robuste Gehäuse aus hochwertigen Kunststoffen. Das ist vor allem eine Frage des Preises.

► Der Schutz des Objektivs sollte in irgendeiner Form gewährleistet sein; besonders praktisch sind eingebaute Abdeckungen, wie zum Beispiel bei der FinePix mit Porsche Design.

► Wetterfeste Digitalkameras sind bisher eine Ausnahme-Erscheinung. Als Zubehör gibt es neben Universalschutzbeuteln in einigen Fällen genau passende wasserdichte Gehäuse.

► Ein Stativgewinde gehört normalerweise zur Ausstattung. Bei montierter Kamera sollten Akkus und Speicherkarten zum Auswechseln zugänglich sein.

Das digitale Bild

Das Foto aus der Digitalkamera ist ein so genanntes Bitmap-Bild. Mit Bitmap wird die aus kleinen, quadratischen Bildelementen bestehende Matrix bezeichnet. Jedes Element, Bildpunkt oder Pixel genannt, besitzt einen bestimmten Grau- oder Farbwert. Bei der Betrachtung eines digitalen Bildes sollten diese Punkte für das menschliche Auge nicht einzeln sichtbar sein.

Bildqualität und Pixelzahl

In der digitalen Fotografie wird der Qualitätsbegriff häufig mit der Pixelzahl gleichgesetzt. Ist eine Kamera mit 3,1 Millionen Bildpunkte-CCD demnach wirklich »doppelt so gut« wie eine mit 1,5 Millionen Pixel? Natürlich nicht. Da sind zum Beispiel die Eigenschaften des Objektivs wie Auflösungsvermögen, Kantenschärfe und Verzeichnung.

Im Zusammenhang mit den Bildsensoren ist von effektiver Pixelzahl (netto/brutto), verschiedener Pixelanordnung, Interpolation, Bildverbesserungsfunktionen und unterschiedlichen Filtertypen oder Farbtrennungsmethoden die Rede. Auch die Form der Pixel – quadratisch, rechteckig oder achteckig – hat einen wesentlichen Einfluss auf die Bildqualität. Fazit: Trotz gleicher Pixelzahl ist die Farbqualität besser oder schlechter, feine Details kommen deutlicher heraus, Lichter überstrahlen (»Blooming«), das Rauschen in dunklen Bereichen ist stärker oder schwächer, Kanten werden (über-)betont oder sind zackig usw.

Wenn es um die qualitativ befriedigende Bildausgabe in einer festgesetzten Größe auf einem bestimmten Medium geht, dann ist die Pixelzahl tatsächlich entscheidend. Weil sich die Digitalkameras in dieser Hinsicht bis vor kurzem überhaupt nicht mit ihren filmbetriebenen Schwestern messen konnten, musste es vordergründiges Ziel sein, die Pixelzahl zu erhöhen. Nach Überschreiten der Drei-Millionen-Grenze wurde eine gewisse Stagnation spürbar, vielleicht sollte man es besser Konsolidierung nennen. Deutliches Indiz: Nagelneue Spitzenkameras begnügen sich beispielsweise mit drei

Standdard-Bildgrößen

Die folgenden Abkürzungen wurden ursprünglich für Computermonitore bzw. Grafikkarten eingeführt. Die Auflösungen (Bildgrößen) von Digitalkameras orientieren sich oft daran, auch in Bezug auf das vorherrschende Seitenverhältnis 4:3 (1,33:1).

VGA	=	640 x 480
SVGA	=	800 x 600
XGA	=	1024 x 768
SXGA	=	1280 x 1024
SXGA+	=	1400 x 1050
UXGA	=	1600 x 1200
QXGA	=	2048 x 1536

Davon abweichend gibt es Digitalkameras mit quadratischen Bildern (Rückteile) oder mit der Seitenrelation 1:1,5 (wie Kleinbildformat). Übrigens wird in der Fotografie bei Formatangaben die Bildhöhe zuerst und die Bildbreite danach genannt. Bei Monitoren und Digitalkameras ist es umgekehrt.

Millionen Bildpunkten. Es scheint sich auch hier die uralte Weisheit durchzusetzen, dass es nicht die (Pixel-)Masse allein macht – riesengroße Dateien und längere Wartezeiten beschert sie uns sowieso. Jetzt geht es vor allem darum, die Bildqualität von Grund auf mit raffinierten Verfeinerungen in Hardware und Software zu verbessern.

Die erforderliche Pixelzahl hängt vom Ausgabemedium ab!

Ein digitales Foto soll in Postkartengröße 15 x 10 cm wiedergegeben werden. Die erforderliche Pixelzahl beträgt für …

- Monitor (72 dpi)
  ➔ 425 x 283 (120 Tausend) Punkte
- Foto- oder Tintenstrahldrucker (200 dpi)
  ➔ 1181 x 787 (930 Tausend) Punkte
- Offsetdruck (225 dpi)
  ➔ 1329 x 886 (1,2 Mio.) Punkte
- Belichtung auf Fotopapier (300 dpi)
  ➔ 1772 x 1181 (2,1 Mio.) Punkte

Bildauflösung

Der Begriff Bildauflösung wird in zweierlei Bedeutung verwendet, was nicht selten Verwirrung stiftet. Zum einen ist damit die Bildgröße in Punkten gemeint. Man spricht gemeinhin von der Auflösung 1600 x 1200 Pixel, wenn ein Bild 1200 Punkte hoch und 1600 Punkte breit ist. Beim Scannen und bei der Bildausgabe wird mit Auflösung hingegen die Punktdichte bezeichnet, d.h. die Anzahl der Punkte auf einen Zentimeter oder ein inch (2,54 cm). Bei der Bilderfassung und -bearbeitung ist als Maßeinheit ppi (Punkte pro inch) am gebräuchlichsten. Ein Flachbettscanner tastet seine Vorlage z.B. mit 600 ppi ab. Zur Unterscheidung wird die Auflösung eines Ausgabegeräts in dpi angegeben (dots per inch). Der Ausdruck auf einem Sublimationsdrucker geschieht beispielsweise mit 300 dpi.

Aus wievielen Bildpunkten ein digitales Foto besteht, hängt ursächlich von der Auflösung des Bildsensors in der Digitalkamera ab. Beispiel: Der CCD einer »3,3-Megapixel-Kamera« liefert ein Bild aus 2048 x 1536 Punkten, das sind

Wie lassen sich Pixelzahl und Ausgabegröße berechnen?

► Ein Bild besteht aus einer bestimmten Anzahl Bildpunkte. Wie groß kann es ausgegeben werden?
Ausgabegröße in cm =
(Bildkante in Pixel geteilt durch Ausgabeauflösung in dpi) x 2,54

Beispiel: Ein digitales Foto aus 640 x 480 Punkten soll auf einem Monitor (72 dpi Auflösung) dargestellt werden.
Bildbreite =
(640 Pixel / 72 dpi) x 2,54 = 22,6 cm
Bildhöhe =
(480 Pixel / 72 dpi) x 2,54 = 16,9 cm

► Die Ausgabe ist in einer bestimmten Größe gewünscht. Wieviele Pixel muss das Bild besitzen?
Bildkante in Pixel =
(Ausgabegröße in cm geteilt durch 2,54) x Ausgabeauflösung in dpi

Beispiel: Auf einem Drucker mit 300 dpi Auflösung soll das Ausgabeformat 15 x 10 cm gefüllt werden.
Bildbreite =
(15 cm / 2,54) x 300 dpi = 1772 Pixel
Bildhöhe =
(10 cm / 2,54) x 300 dpi = 1181 Pixel

So sieht es aus, wenn ein digitales Bild 16fach vergrößert wird. Mit einem Bildbearbeitungsprogramm kann man die Pixelstruktur bei hoher Vergrößerung betrachten. Foto: Anni Rita Scheibel

effektiv 3,15 Millionen Pixel. In der Regel lassen sich mit Digitalkameras nicht nur Bilder der höchsten Auflösung aufnehmen, sondern wahlweise auch mit weniger Bildpunkten.

Hier nun die meistgestellte Frage: »Wieviele Pixel, welche Bildauflösung brauche ich?« Das hängt schlicht und einfach vom Verwendungszweck ab, die Gegenfrage lautet also: »Wie und in welcher Größe soll das Bild ausgegeben werden?« Für die Darstellung auf einem Computer-Monitor, z.B. als Teil einer Internetseite, genügen wesentlich weniger Bildpunkte wie für das Ausbelichten auf Fotopapier in gleicher Größe.

Wichtig ist auch das Ausgabeverfahren: entweder entspricht ein Druckpunkt einem Bildpunkt (Verhältnis 1:1, dpi-Wert gleicht ppi-Wert), oder für einen Bildpunkt sind mehrere Druckpunkte nötig (Rasterverfahren, dpi-Wert größer als ppi-Wert). Alles weitere zu diesem Thema im speziellen Kapitel ab Seite 105.

Farbe

Im einfachsten Fall wird jeder Bildpunkt durch *ein* Datenbit beschrieben. Damit lassen sich ihm die zwei Attribute Schwarz und Weiß zuweisen. Für die Darstellung von Zwischenwerten erhöht man die als Bit-Tiefe bezeichnete Anzahl der Bits. Mit acht Bit können $2^8 = 256$ verschiedene Graustufen dargestellt

Für die Echtfarben-Darstellung mit 16,7 Mio. Farbnuancen werden 24 Datenbits für die Beschreibung eines Bildpunktes benötigt. Reduziert man die Bittiefe, treten Sprünge in den Farbverläufen auf.

Die Wiedergabe von Bildern mit 256 Farben lässt sich verbessern, wenn die Palette nicht willkürlich verringert, sondern an die im Bild vorkommenden Farben angepasst wird. Bei starker Reduzierung der Farbtiefe bzw. Bittiefe lassen sich in Bildbearbeitungsprogrammen durch die Option »Dither« (= Rastern) bessere Tonwertverläufe herstellen, allerdings wird dabei die Bildstruktur gröber.

Foto: Anni Rita Scheibel

werden, was einen quasi stufenlosen Verlauf von Schwarz nach Weiß erlaubt.

Bei Farbbildern muss jede Grundfarbe in Helligkeitsstufen unterteilt werden. Für die Unterscheidung von Rot, Grün und Blau in jeweils 256 Nuancen sind drei mal acht Bit nötig. Bei dieser Farbtiefe können $2^{24} = 256 \times 256 \times 256 = 16{,}78$ Millionen Farbtöne wiedergegeben werden, was für fotografische Bildqualität ausreicht. Man spricht deshalb auch von Echtfarben (englisch: true colour). Manche Scanner oder Digitalkameras arbeiten intern mit noch höherer Farbtiefe (z.B. 30 oder 36 Bit), um mehr Details in den Schatten und Spitzlichtern erfassen zu können. Beim Herunterrechnen auf 24 Bit werden solche Zusatzdaten gezielt beibehalten. Dieses »Downsampling« ist üb-

Bits und Bytes

Computer arbeiten mit dem Binärzahlensystem aus Nullen und Einsen. Die kleinste Informationseinheit ist das Bit, acht solcher Bits werden zu einem Byte zusammengefasst. Ein Bit kennt zwei Zustände: »ja« oder »nein« bzw. »0« oder »1«. Zwei Bit lassen sich zu vier Möglichkeiten kombinieren, vier Bit zu 16, acht Bit zu 256 usw.

Farbmischung: RGB und CMYK

Aus den drei Primärfarben des Lichts – Rot, Grün und Blau – lassen sich durch additive Mischung (Überlagerung von farbigen Lichtquellen) alle anderen Farben erzeugen. Auf diesem Prinzip beruht die Funktion des Farbfernsehers und des Computermonitors. Umgekehrt zerlegen Bildsensoren bei der Aufnahme das Farbspektrum mittels Filter in diese Grundfarben.
Farbdruck und Farbfilme beruhen auf der subtraktiven Mischung der Farben Cyan, Magenta und Gelb (Yellow). Subtraktiv heißt, dass die Farbstoffe einen Teil des Farbspektrums absorbieren und das Auge ein Gemisch aus den zurückgeworfenen oder durchgelassenen Wellenlängen sieht. Weil durch das Überdrucken der drei Farben kein richtiges Schwarz entsteht, wird zusätzlich Schwarz (K) als Farbkanal hinzugenommen. Daher die Bezeichnung CMYK.

lich, weil die Bildbearbeitungsprogramme und Ausgabegeräte überwiegend mit 24 Bit arbeiten – und wegen der erheblich kleineren Dateien. Verwendet man Paletten mit weniger als 16,7 Mio. Farben, zum Beispiel nur 256, wird das Fehlen der Zwischentöne vor allem durch sprunghafte Farbverläufe (z.B. im Himmel) deutlich sichtbar.

Dateigröße

Wie hängt die Größe der in der Digitalkamera oder auf der Festplatte gespeicherten Datei mit der Bildgröße, Farbtiefe und dem Farbmodell zusammen?

Bei einem Schwarzweißbild aus 256 Graustufen wird jeder Bildpunkt durch ein Byte beschrieben. Hat das Bild eine Auflösung von 2400 x 1800 Pixel, umfasst die Bilddatei folglich 4.320.000 Byte = 4,1 Megabyte. Bei Farbtiefe 24 Bit und drei Grundfarben (RGB) sind pro Pixel drei Byte notwendig. Die Datei wächst also um das Dreifache und ist im Falle des Beispiels dann 12,3 Megabyte groß.

CMYK-Dateien besitzen einen Farbkanal mehr als RGB-Dateien und sind deshalb um ein Byte pro Bildpunkt größer (32 Bit Farbtiefe für gleichbleibend 16,7 Millionen Farben). Die Auflösung von Bilddateien lässt sich anhand der Dateigröße nur vergleichen, wenn die Bit-Tiefe und das Farbmodell übereinstimmen und die Dateien unkomprimiert sind. Übrigens: Beim linearen Verdoppeln (oder Halbieren) der Bildseitenlängen verändert sich die Dateigröße um den Faktor 4, weil das Verdoppeln in der Höhe und in der Breite stattfindet (vierfache Fläche). Geringfügiges lineares Skalieren (Verändern der Bildgröße) hat deshalb eine unerwartet starke Wirkung auf die Datenmenge.

Von Kilo bis zu Giga

Größenangaben in Byte gehen schnell in die Tausende und Millionen. Zur Vereinfachung dienen die Vorsilben Kilo, Mega, Giga usw. Bei der Umrechnung wird nicht wie bei Dezimalzahlen der Faktor 1000, sondern der Faktor 2^{10} = 1024 benutzt. Ein Megabyte besteht also nicht aus einer Million Byte, sondern aus 1024 x 1024 Byte.

1 Byte	= 8 Bit
1 Kilobyte (1 KB)	= 1.024 Byte
1 Megabyte (1 MB)	= 1.024 KB
	= 1.048.576 Byte
1 Gigabyte (1 GB)	= 1.024 MB
	= 1.048.576 KB
	= 1.073.741.824 Byte

Oft wird in der Praxis einfach mit dem Faktor 1000 gerechnet und die Abweichung ignoriert.

Komprimierung von Bilddateien
Vergleich verschiedener Kompressionsstärken und Verfahren

TIFF unkomprimiert – Datei 468 KB

JPEG »Mittel« – Datei 27 KB

JPEG »Niedrig« – Datei 10 KB

GIF optimiert – Datei 139 KB

GIF Standard – Datei 56 KB

Der abgedruckte Bildausschnitt hat 16,7 Millionen Farben und eine Auflösung von 300 dpi (472 x 331 Pixel). Um die Unterschiede der verschiedenen Kompressionsgrade im Buchdruck deutlicher zu machen, sind zweifach vergrößerte Detailbilder hinzugefügt. Das GIF-Standardbild verwendet die feste Farbpalette des Computer-Betriebssystems, während die Farbpalette der optimierten Version dem Bildinhalt angepasst ist.

Datenkomprimierung

Digitale Bilddateien erreichen enorme Dateigrößen. Um Speicherplatz und Übertragungszeit einzusparen, greift man zum Mittel der Datenkomprimierung. Durch Rechenverfahren werden unwichtige oder sich wiederholende Daten reduziert. Vor weiterer Bearbeitung müssen die Dateien wieder dekomprimiert werden. Bei verlustfreien Methoden (»non-lossy«) werden dabei die zusammengefassten Daten wieder vollständig hinzugefügt. Beispiel dafür ist der LZW-Algorithmus, der Fotodaten maximal bis auf die Hälfte reduziert.

Verlustbehaftete Verfahren (»lossy«) können die Originaldaten nicht wieder herstellen, woraus ein Qualitätsverlust resultiert. Ob oder wie stark diese Einbußen erkennbar sind, hängt vom (wählbaren) Komprimierungsgrad ab. Bekanntes Beispiel ist JPEG, das bei Reduzierung bis 1:20 noch annehmbare Qualität bringt. Generell spielt der Bildinhalt eine große Rolle – die Daten für große gleichfarbige Flächen lassen sich besonders gut minimieren.

In Digitalkameras können die Daten praktisch immer komprimiert gespeichert werden. Die Stärke lässt sich meist in drei oder mehr Stufen wählen und verbirgt sich häufig hinter Bezeichnungen wie Economy, Normal, Fine, High Quality, Super Fine etc. Gut ausgestattete Digitalkameras bieten optional die unkomprimierte Speicherung, die man, wenn es auf höchste Bildqualität und vor allem beste Nachbearbeitungsfähigkeit ankommt, unbedingt bevorzugen sollte. Reichlich Speicherplatz ist dafür Voraussetzung: Eine 32 MB Karte reicht gerade mal für drei unkomprimierte 3-Megapixel-Bilder.

Bei verlustbehafteter Komprimierung ist das wiederholte Öffnen und Abspeichern der Dateien auf dem Computer unbedingt zu vermeiden, denn jedesmal nimmt der Qualitätsverlust zu. Liefert eine Digitalkamera nur JPEG-Dateien, wandelt man sie vor der Bildbearbeitung in ein verlustfreies Format um und speichert sie so ab.

Der Komprimierungsmechanismus muss nicht unbedingt Bestandteil des Dateiformats sein. Das Verkleinern von Dateien zwecks Archivierung oder Übertragung per Datenleitung lässt sich verlustfrei auch mit Hilfsprogrammen wie Winzip oder Stuffit erreichen.

Dateigrößen mit unterschiedlichen Dateiformaten

Nebenstehende Aufnahme hat bei einer Bildgröße von 2560 x 1920 Pixel folgende Dateigrößen:

Qualität	Dateiformat	Dateigröße
Economy	JPEG	580 KB
Standard	JPEG	1,0 MB
Fein	JPEG	1,9 MB
Superfein	TIFF	14,1 MB
RAW-Format	xRW	9,4 MB

Dateiformate für digitale Bilder

Dateiformate für die Speicherung von Grafiken und digitalen Bildern gibt es jede Menge. Die Unterschiede äußern sich zum Beispiel in folgenden Merkmalen: Bitmap- oder Vektor-Datei (Bildpunkte oder Zeichenpfade), erreichbare Farbtiefe, Komprimierung, Ebenenunterstützung, Kompatibilität und Verbreitung. Ferner gibt es anwendungsunabhängige Formate sowie »native« Formate, die zu bestimmten Programmen gehören.

Betrachtet man nur die von Digitalkameras benutzten Speicherformate, wird es schon übersichtlicher. Als Standard haben sich JPEG (mit wählbaren Qualitätsstufen) und TIFF (für unkomprimierte Speicherung) etabliert. Vorteil: Sie können von praktisch allen Bildbearbeitungsprogrammen direkt gelesen und in viele Anwendungsprogramme importiert werden.

Zu erwähnen sind noch hochwertige Kameras, die unkomprimierte und unbearbeitete Rohdaten der Bilder speichern können (RAW-Formate). Ein Beispiel für die damit verbundenen Möglichkeiten: Ein Bild enthält sowohl die sehr hellen Mauern der Arkaden als auch das im tiefen Schatten versinkende Marktgeschehen in den Bogengängen. Es ist erstaunlich, wieviele Details sich nachträglich aus den Lichter- und Schattenpartien herauskitzeln lassen, wenn die Bilddaten nicht komprimiert sind bzw. völlig unbearbeitet vorliegen.

JPEG (.jpg)

Der derzeitige Standard für die Komprimierung digitaler Echtfarb-Bilder wurde von der Joint Photographic Experts Group entwickelt. Das Verfahren teilt Bilder in 8 x 8 Pixel große Blöcke ein und reduziert darin die Farbinformationen. Die Stärke der Kompression ist wählbar und reicht von der Option »maximale Qualität« (ca. 1:5) mit kaum sichtbaren Verlusten über »mittel« (ca. 1:20) mit noch annehmbarer Qualität bis zu »niedrig« mit deutlich sichtbaren Störstrukturen, so genannten Artefakten. Ein guter Kompromiss zwischen Qualität und verringerter Dateigröße (ungefähr 1:10) ist die Einstellung »hoch«.

Am besten kommt JPEG mit fotografischem Bildinhalt zurecht, für Grafik- und Textelemente ist es weniger geeignet. Bei Graustufenbildern fällt die Einsparung gering aus, und auf monochrome Dateien mit Bit-Tiefe 1 (nur Schwarz und Weiß) lässt sich JPEG gar nicht anwenden.

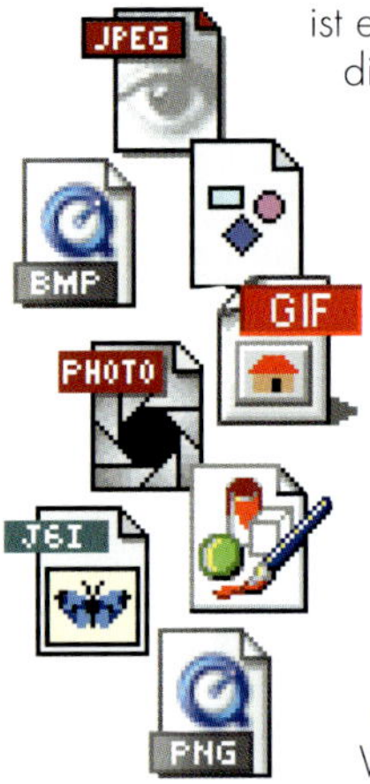

JPEG 2000 und LuraWave

Der zukünftige Standard soll JPEG 2000 werden. Das Format basiert auf einem anderen Komprimierungsverfahren (der Wavelet-Transformation) und verspricht gegenüber dem bisherigen JPEG eine stärkere Komprimierung bei gleichzeitiger Reduzierung störender Artefakte. Die nachteilige Einteilung in 8x8 Pixelblöcke entfällt. Ein weiterer Pluspunkt ist eine verlustfreie Speicheroption, die kleinere Dateien als der LZW-Algorithmus hervorbringt.

Die nahezu verlustfrei komprimierende LuraWave-Technik, die nach dem gleichen Prinzip wie JPEG 2000 arbeitet, wird immer öfter für die Archivierung von Bilddateien und die Übertragung über das Internet, beispielsweise zu Online-Fotoalben und zum Online-Printservice, eingesetzt. Für Photoshop soll es das Plug-in Lurawave.jp2 geben. Wer echte Fotos über Fujicolor easy-order bestellt, kommt dank JPEG 2000 in den Genuss deutlich verkürzter Übertragungszeiten.

TIFF (.tif)

Das Tagged Image File Format ist das universelle Dateiformat für Bitmap-Bilder, egal ob Grafiken oder Fotos. Es speichert 1 Bit Grafiken genauso wie Graustufenbilder und Echtfarb-Bilder mit 24 Bit oder noch höherer Farbtiefe. In der Grundversion arbeitet es ohne Komprimierung, die Dateigröße hängt dann ausschließlich

Ein Motiv mit hohen Beleuchtungskontrasten und kritischem Mischlicht (wie das nebenstehend abgebildete) soll so aufgenommen werden, dass es sich nachträglich zur optimalen Druckvorlage aufbereiten lässt. In solchen und ähnlichen Fällen empfehlen sich Aufnahmen in den Dateiformaten TIFF oder RAW. Allerdings sind dabei die Bilddateien ziemlich groß, und vor allem die RAW-Aufnahmen brauchen sehr lang beim Übertragen, Öffnen und Konvertieren. Foto: Ulla Schmitz

von der Pixelzahl und Farbtiefe ab. In Digitalkameras wird TIFF für die verlustfreie Speicherung von Fotos eingesetzt.

GIF (.gif)

Das Graphics Interchange Format wurde für Bilder im Internet entwickelt. Es komprimiert verlustfrei und eignet sich am besten für grafische Inhalte. Die Dateigröße richtet sich nach der Anzahl der tatsächlich vorkommenden Farben. Besondere Eigenschaften sind die Definition von Transparenz und die Animationsfähigkeit. Weil die Farbtiefe auf 8 Bit (256 Farben) beschränkt ist, wird das Format für digitale Fotos nur in Ausnahmefällen verwendet. Vereinzelt speichern Digitalkameras so genannte Textmodus-Aufnahmen direkt als GIF ab.

PNG (.png)

Das PNG-Format (Portable Network Graphics) wurde entwickelt, um GIF abzulösen. Es vereint Vorzüge von GIF und JPEG – verlustfreie Komprimierung und Farbtiefe 24 Bit – konnte sich aber bislang nicht durchsetzen.

FlashPix (.fpx)

Eine FlashPix-Datei beinhaltet ein Bild in verschiedenen Auflösungen. Für die Bildbearbeitung genügt eine niedrig aufgelöste Ansicht, was Geschwindigkeitsvorteile bringt. Bei der Druckausgabe werden die kompletten Daten benutzt. Ein Kameramodell von Kodak, welches Aufnahmen im FlashPix-Format abspeicherte, ist eine Ausnahme-Erscheinung geblieben.

RAW-Formate

Solche kameraspezifischen Dateien enthalten unkomprimierte und unbearbeitete Rohdaten der Bilder. Sie erlauben weitgehende nachträgliche Korrekturen und Optimierungen, und liefern damit die bestmöglichen Ergebnisse. Einstellungen wie Schärfung oder Weißabgleich werden zwar separat aufgezeichnet, aber

Daten aus Exif-Bildfiles

Die in den Exif-Dateien vieler Digitalkameras gespeicherten fototechnischen und File-bezogenen Daten können sehr aufschlussreich sein. Der Fujifilm FinePix Viewer und einige andere Bildprogramme zeigen diese Daten an, solange die Bildfiles im Urzustand vorliegen.

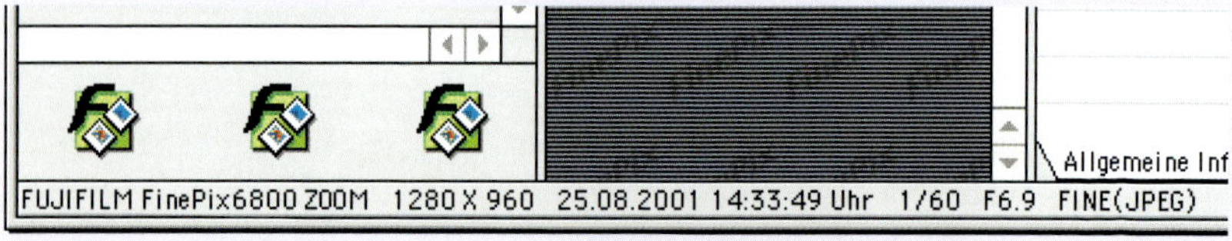

Der FinePix Viewer nennt folgende Daten in seiner Fußleiste: Kameramodell, Bildgröße (Pixel), Datum/Uhrzeit, Verschlusszeit, Blende und Qualitätsmodus mit Dateityp. In vier Info-Fenstern sind zahlreiche weitere Angaben aufgelistet. Auch von anderen Bildprogrammen werden noch Dinge wie ISO-Wert, Brennweite, Scharfeinstellung, Blitz, Kompression etc. genannt. Leider sind die Angaben selten vollständig und die Datenauswahl kann bei jedem Bildprogramm anders sein.

Vorsicht: Hinter Begriffen wie Shutter Speed, Aperture Value und Max Aperture Value stehen im allgemeinen statt der realen Werte die Additiv-Zahlen aus dem APEX-System. Das ist besonders irreführend bei den Blenden, wo reale Werte und APEX-Zahlen sehr ähnlich sein können. Die Umrechnung von APEX-Zahlen auf Zeit- und Blendenwerte ist mathematisch nicht ganz einfach.

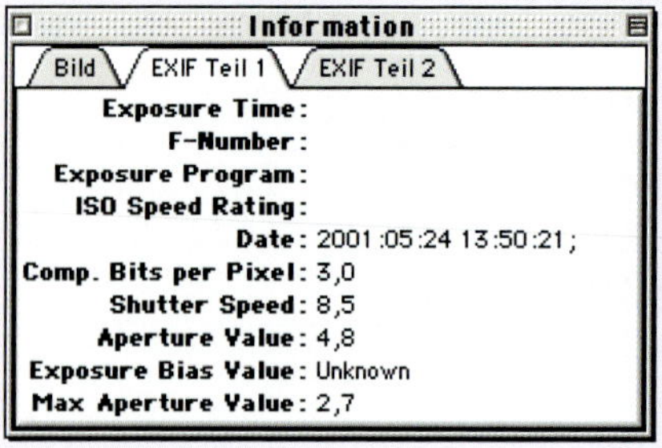

Fehlen die realen Zeiten und Blenden, kann man diese aber trotzdem leicht finden, wenn man von bekannten Werte-Paarungen stufenweise rauf und runter zählt. Die APEX-Zahl 4 entspricht Blende 4, folglich steht APEX 6 für Blende 8 usw. Genauso funktioniert es mit den Belichtungszeiten: APEX 7 entspricht 1/125 s, so dass APEX 10 gleich 1/1000 s sein muss. Wenn im Info-Fenster (wie links) Shutter Speed 8,5 und Aperture Value 4,8 steht, handelt es sich genau um Blende 5,3 und 1/362 s.

nicht auf die Bilddaten angewandt. Um die Vorteile der RAW-Dateien ungeschmälert auszunutzen, sollte man diese mit der zugehörigen Software (Plug-in) öffnen. Mangels Standardisierung sind RAW-Dateien ohnehin meistens nur mit passender Software zugänglich.

Im Glossar werden weitere Bilddateiformate kurz beschrieben. Formate für die Aufzeichnung von bewegten Bildern mit Ton finden sich auf Seite 49.

Zusatzinfos in EXIF und DPOF

Genaugenommen arbeiten viele Digitalkameras mit einem Format namens **EXIF** (Exchangeable Image File Format). Es basiert auf JPEG oder TIFF, erscheint äußerlich auch so, speichert aber zusätzlich Kamera- und Aufnahmedaten. Je nach Hersteller und Kameramodell werden in unterschiedlichem Umfang Infor-

Bei der Aufnahmereihe wurde vor allem zwecks Steuerung des Schärfentiefebereichs mit Brennweiteneinstellung, Objektabstand und Blende sowie auch mit Aufhellblitz experimentiert. Für die spätere Auswertung der Resultate sind die zugehörigen (Exif-)Daten sehr wertvoll. Sie verraten für nebenstehendes Foto, dass es mit 18 mm Brennweite (etwa 83 mm KB-Vergleichsbrennweite), Blende 3,5 und 1/180 s Belichtungszeit ohne Blitzlicht entstand. Foto: Ulla Schmitz

mationen wie Aufnahmezeitpunkt, Belichtungsdaten, Brennweite und Kompressionsgrad festgehalten (mehr darüber im Info-Kasten). Diese interessanten und nützlichen Daten bleiben vielen Kamerabenutzern verborgen. Wie kann man sie sichtbar machen?

Vermehrt lassen sich die Daten mit der zur Kamera gehörenden Software anzeigen, Bildbearbeitungs-Programme können es dagegen nur selten. Weiterhin bringen diverse Free- und Shareware-Programme die Infos zum Vorschein, teilweise erlauben sie auch den Datenexport.

Vorsicht: Das Abspeichern einer Exif-Datei in einem anderen Dateiformat (auch in JPEG oder TIFF) ist normalerweise mit dem Verlust der Exif-Daten verbunden! Eine Ausnahme bildet der Fujifilm FinePix Viewer, der bearbeitete Dateien als Exif-JPEG und Exif-TIFF abspeichern kann. Sollen die Exif-Daten generell erhalten bleiben, sichert man die Originaldatei unverändert auf dem Computer und arbeitet mit einer Kopie weiter.

Bei **DPOF** (Digital Print Order Format) handelt es sich um kein Dateiformat, sondern um ein Ausstattungsmerkmal zur Vereinfachung von Bildbestellungen und Druckaufträgen. Besteht DPOF-Kompatibilität, übernimmt das Bestell-Terminal oder der Fotodrucker die an der Kamera zuvor eingegebenen Bestelldaten. Diese umfassen die Bildnummer, die jeweilige Anzahl der Prints und die Option für einen Indexprint. Mit der Software DP Editor von Fujifilm kann man vom Computer aus DPOF-Festlegungen für Bilddateien vornehmen.

Die inzwischen verabschiedete neue DPOF-Version 1.1 ermöglicht weitere Festlegungen, wie die Druckgröße, das Drucken mehrerer Bilder auf ein Blatt, Adressdaten für die Versendung der Datei per Internet oder Fax und die Auswahl von Bildern für automatisch ablaufende Präsentationen (»Dia-Shows«).

So sieht der Dialog auf dem LCD-Schirm der FinePix 4900 Zoom beim Bestellen von Bildern nach dem DPOF-System aus. Die betreffende Aufnahme wird gleichzeitig angezeigt.

Ausstattung, Funktion und Bedienung

Dieses Kapitel beschäftigt sich mit der »fotografischen« Ausstattung von Digitalkameras und deren Handhabung. Auch wenn die Basismerkmale sich ähneln, sind im Detail beachtenswerte Unterschiede zu finden. Wir möchten hier einen hilfreichen Überblick bieten, auch über die Fülle an speziellen Aufnahmefunktionen.

Erwähnenswert ist an dieser Stelle, dass einige Hersteller für bestimmte Kameramodelle so genannte Firmware-Updates anbieten. Damit ist das Aktualisieren der Kamera-internen Software gemeint, wodurch Fehler behoben und Leistungssteigerungen bewirkt werden. Zum Teil stehen dann sogar neue Funktionen zur Verfügung. Das Updaten führt der Kundenservice beispielsweise bei Reparaturen durch, oder der Benutzer kann die neue Firmware aus dem Internet laden und selbst auf die Kamera übertragen. Für die FinePix 6800 zum Beispiel steht auf der Fujifilm Homepage eine Anpassungsdatei bereit, die folgende Punkte umfasst: Wählen eines individuellen Startbildes, Eingabe einer Urheberrechts-Information für die Exif-Daten und zusätzliche Übergänge für die automatische Wiedergabe.

Elektronischer Bildsensor

Der aus winzigen Fotozellen bestehende Bildsensor ist das Auge der Digitalkamera. Das auftreffende Licht setzt in dem lichtempfindlichen Halbleitermaterial Elektronen frei, deren Anzahl mit der Lichtintensität steigt. Die aufgebaute elektrische Ladung jeder Zelle wird schließlich durch einen Analog-Digital-Wandler in einen binären Helligkeitswert umgewandelt.

Die einzelnen Elemente können linear auf einer **Sensor-Zeile** angeordnet werden, die während der Aufnahme über die Bildfläche bewegt wird. Solche »Scanner-Kameras« für die Studiofotografie besitzen sehr hohe Auflösungen und erlauben wegen der langen Scanzeit weder

CCD-Flächensensor
© Markloff/Scheibel

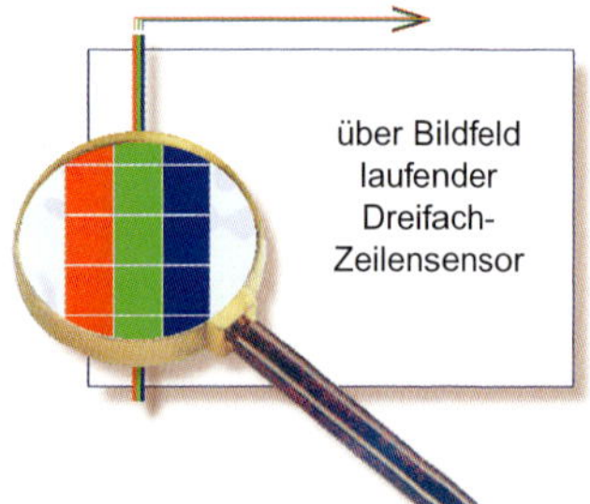

CCD-Zeile
© Markloff/Scheibel

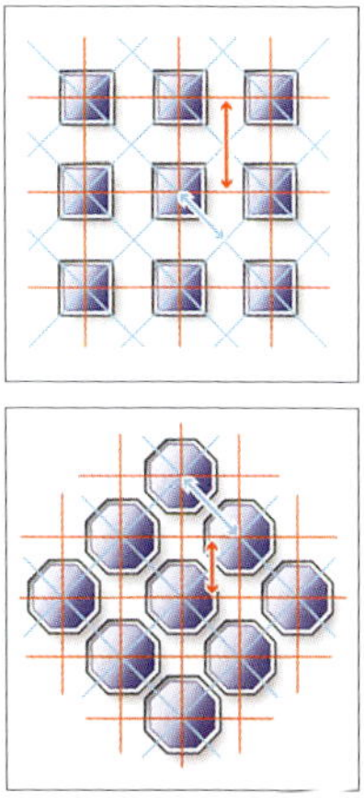

Die Darstellung links zeigt den Unterschied in der Pixel-Anordnung zwischen einem herkömmlichen Bildsensor (oben) und dem Super CCD (unten). In der Horizontalen und der Vertikalen erreicht der Super CCD eine höhere Auflösung.

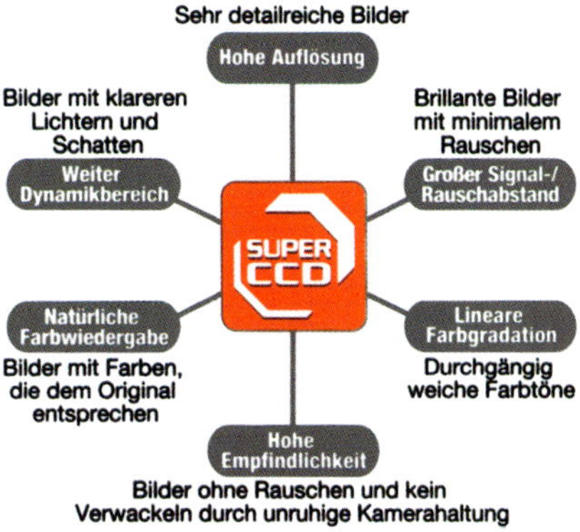

Objektbewegungen noch den Einsatz von Blitzlicht.

Flächensensoren dagegen bestehen aus einer rechteckigen Matrix von Elementen und erfassen das gesamte Motiv auf einmal. In Kameras, mit denen sich dieses Buch hauptsächlich befasst, sind Sensoren der Größen 1/4" bis 2/3" eingebaut. Alles über die ziemlich winzigen Aufnahmeformate und deren Auswirkungen steht ab Seite 61.

Ursächlich setzt sich das fertige Bild aus so vielen Elementen zusammen wie der Bildsensor Pixel hat. Maßgebend ist der Netto- oder Effektivwert, denn die Gesamtzahl wird aus konstruktiven Gründen nie vollständig genutzt (z.B. brutto 2,1 Millionen Pixel, effektiv 1,92 Millionen Pixel). Bisher stand bei den Angaben und Kamerabeschriftungen der Bruttowert im Vordergrund. Eine neue Richtlinie der japanischen Kameraindustrie verpflichtet nun die Hersteller, die tatsächlich genutzten Pixel anzugeben.

Die Pixelzahl ist wichtig für die erzielbare Bildqualität, die Mehrzahl der Digitalkameras besitzt CCD-Sensoren mit 1 bis 3,3 Millionen Bildpunkten. Inzwischen

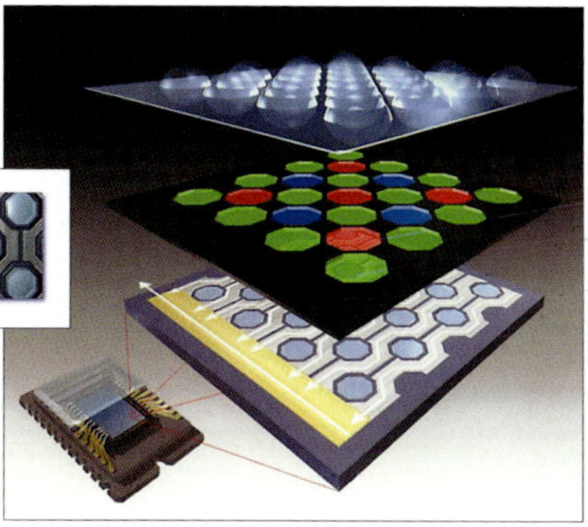

Der Aufbau eines Bildsensors am Beispiel des Super CCD von Fujifilm mit seinen wabenförmig angeordneten, achteckigen Fotodioden. Die Übertragungswege verlaufen zwischen den lichtempfindlichen Flächen. Vor jedem Pixel sitzt ein winziger Farbfilter und eine Minilinse. Die achteckigen Elemente lassen sich dichter anordnen und haben eine größere Fläche (sind dadurch lichtempfindlicher). Ganz links zum Vergleich ein rechteckiger Pixel. Grafik: Fujifilm

Einige Begriffe, die im Zusammenhang mit dem Bildwandler vorkommen:
Interlace-Scan-CCDs wurden aus der Fernseh- und Videotechnik übernommen und nehmen zeitversetzt zwei Halbbilder auf. Die Farben werden durch eine CMY-Filtermatrix erzeugt, zunehmend kommen auch RGB-Filter zum Einsatz. Für die Aufzeichnung von Stehbildern ist ein mechanischer Verschluss nötig.
Progressive-Scan-CCDs wurden für die digitale Fotografie entwickelt. Die Aufnahme erfolgt in einem Durchgang (Vollbild), kurze Verschlusszeiten lassen sich elektronisch erreichen. Die quadratischen Sensor-Elemente sind mit einer RGB-Filtermatrix versehen.
Der **Super CCD** von Fujifilm ist aus achteckigen, diagonal angeordneten Fotodioden aufgebaut. Dadurch wird das Licht effektiver genutzt und die horizontale und vertikale Auflösung erhöht.
CMOS-Bildsensoren sind preiswerter herzustellen und brauchen deutlich weniger Strom. Ein Nachteil ist jedoch das stärkere Bildrauschen. CMOS-Sensoren sind vorwiegend in sehr einfachen Digitalkameras zu finden. Verbesserte CMOS-Technik kommt aber auch in hochwertigen Modellen zum Einsatz.

kommen immer mehr Kameras mit vier und mehr Megapixel auf den Markt. Manche Kameras können mehr Bildpunkte ausgeben als ihr Sensor Pixel liefert. Diese Bildpunkte werden mit speziellen, sehr ausgeklügelten Rechenvorgängen (Algorithmen) sozusagen dazwischengerechnet, was Fachleute als Interpolation bezeichnen. Dadurch wird die Auflösung zwar nicht höher und die Detailwiedergabe nicht besser, aber die Bildstruktur erscheint feiner und glatter.

Etwas anders ist das beim **Super CCD** von Fujifilm. Durch die versetzte diagonale Anordnung der achteckigen Fotodioden erhöht sich die vertikale und horizontale Auflösung. So kann der spezielle LSI-Signalprozessor aus den 3,3 Millionen Pixel eines Super CCD bis 6 Megapixel Bilddateigröße erzeugen. Der Bildsensor ist lichtempfindlicher und der Signal-Rausch-Abstand höher, weil sich die wabenförmigen Elemente dichter packen lassen und größer sind.

Die Lichtempfindlichkeit eines Bildsensors wird in Anlehnung an die Empfindlichkeit von Filmmaterial als ISO-Wert angegeben (einer Kombination aus ASA und DIN). Typisch sind ISO-Werte um 100/21°. Eine bessere Lichtausnutzung und Bildqualität erreicht man konstruktiv durch eine möglichst lückenlose Abdeckung der Bildfläche (große Pixel – kleine Zwischenräume) sowie durch bestimmte Pixelformen, wie beim Super CCD. Der Belichtungsspielraum ist nach oben durch die Sättigung mit Ladungsträgern begrenzt und nach unten durch den Dunkelstrom, der sich im Bild als Rauschen bemerkbar macht. Bei geringer Helligkeit kann die Kamera die Empfindlichkeit durch Signalverstärkung erhöhen. Das geschieht automatisch oder auch durch manuelle ISO-Wahl bis ISO 400 (manchmal 800 oder mehr) und ist mit zunehmendem Bildrauschen verbunden.

So kommt die Farbe ins Bild

Für die Gewinnung eines Farbbildes sind in den gebräuchlichen Digitalkameras die lichtempfindlichen Elemente je nach Sensortyp abwechselnd mit Rot-, Grün- und Blaufiltern oder Cyan-, Magenta- und Gelbfiltern beschichtet. Bei RGB-Mosaikfiltern kommen mit Rücksicht auf die spektrale Empfindlichkeit des Auges doppelt so viele »grüne« Pixel wie blaue und rote vor. CMY-Sensoren sind lichtempfindlicher, deren Daten müssen aber in den RGB-Farbraum umgerechnet werden.

Die Helligkeitsinformation ist für jeden Bildpunkt vorhanden, die vollständige

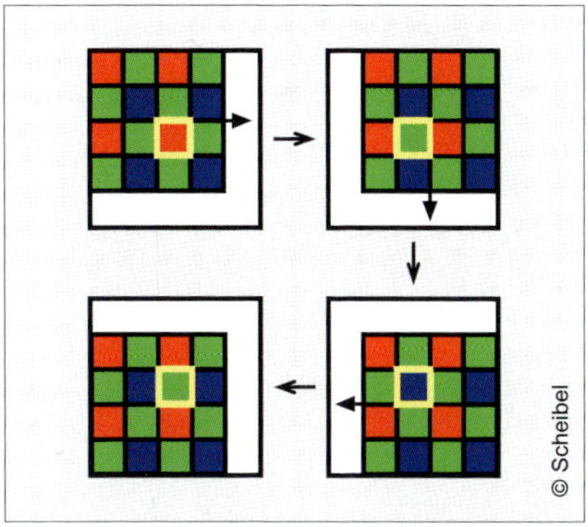

So arbeitet der vierfache Pixel-Shift: Für die Mehrfachbelichtung wird der CCD-Chip jeweils um einen Pixelschritt verschoben, so dass für jeden Bildpunkt alle Farbwerte vorliegen.

Farbinformation fehlt hingegen. Deshalb muss die elektronische Bildauswertung die wahrscheinlichste Farbe für jeden Bildpunkt errechnen. Leider geht durch dieses Verfahren etwas Bildqualität verloren, Farbwiedergabe wie resultierende Auflösung werden beeinträchtigt und gelegentlich können sichtbare Farbsäume auftreten.

Dieser Mangel lässt sich teilweise oder ganz durch das sporadisch angewandte **Pixel-Shift**-Verfahren beheben. Dazu wird für die Teilaufnahmen einer Mehrfachbelichtung die CCD-Matrix einmal oder mehrmals um den winzigen Betrag einer Pixelbreite verschoben, so dass die Filterfarbe für jeden Bildpunkt wechselt.

Nur wenige Digitalkameras arbeiten mit zwei oder drei Bildsensoren, die durch Strahlenteilung jeweils einen Spektralbereich zugeführt bekommen. Mit drei CCDs für die drei Grundfarben entfällt das Interpolieren ganz. Scanner-Kameras bekommen die Farbinformation durch drei parallel angeordnete Zeilen für Rot, Grün und Blau. Bei Three-Shot-Kameras erhält jedes Element alle Farbwerte, indem drei Aufnahmen nacheinander mit jeweils einem anderen Farbfilter vor dem Bildsensor erfolgen.

Vereinzelt trifft man auf spezielle Aufnahmeverfahren zur Verbesserung der Bildqualität. Neben dem bereits erwähnten »Pixel-Shift« gibt es noch die Möglichkeit, Mehrfachbelichtungen des gleichen Motivs zu überlagern, um den Signal-Rausch-Abstand zu erhöhen. Motive mit starken Helligkeitsunterschieden bekommen einen größeren Dynamikumfang (Zeichnung in Lichtern und Schatten), indem eine knapp und eine reichlich belichtete Aufnahme überlagert werden. Bei allen diesen Funktionen dürfen sich Kameraposition und Motiv während der Doppel- oder Mehrfachbelichtung nicht verändern.

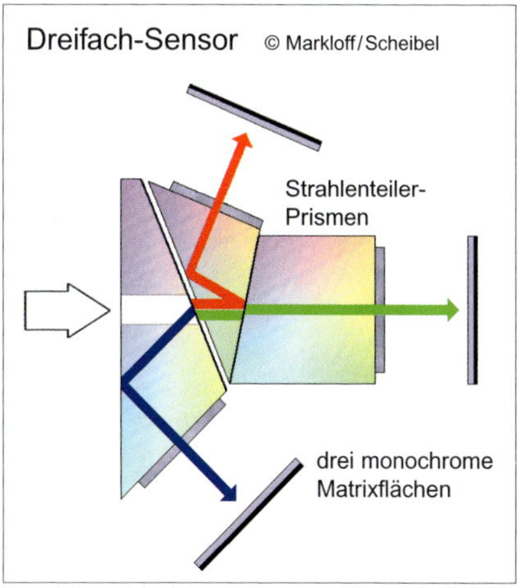

Wenn sich feine, regelmäßige Muster überlagern, können Interferenz-Erscheinungen auftreten. Bei der digitalen Fotografie treten diese Moiré genannten Störungen auf, wenn beispielsweise Textilien oder Ziegeldächer in einer bestimmten Größe auf dem Bildsensor mit seiner ebenfalls gleichmäßigen Pixelstruktur abgebildet werden.

Mehr über Objektive

Standardmäßig sind Digitalkameras mit einem fest eingebauten Objektiv ausgestattet, dessen Brennweite unveränderlich ist oder in einem bestimmten Bereich verstellt werden kann (Zoomobjektiv). Die tatsächlichen, wegen der kleinformatigen Aufnahmesensoren sehr kurzen Brennweiten werden oft nicht genannt. Stattdessen wird eine auf das Kleinbild-Filmformat umgerechnete Vergleichsbrennweite angegeben, die der fotografischen Erfahrung entgegenkommt (siehe S. 61). Die festbrennweitigen Objektive liegen demnach ähnlich wie bei Kleinbild-Kompaktkameras zwischen Weitwinkel (z.B. 33 mm) und Standard (z.B. 47 mm), wobei 38 mm ein gängiger Wert ist.

Mit **Zoomobjektiven** (auch Vario-Objektive genannt) kann man den Bildausschnitt enger oder weiter fassen, ohne sich von der Stelle zu bewegen. Stets werden alle Pixel des Bildsensors genutzt. Eine Digital-Zoom-Funktion hingegen nimmt eine Art »Ausschnittvergrößerung« vor, die aus weniger Bildpunkten besteht und genausogut nachträglich auf dem Computer durchführbar ist. Ein typischer optischer Zoombereich ist 35-105 mm; einige Kameras bieten extrem große Bereiche wie 38-380 mm (Brennweitenfaktor 10x).

Lange Telebrennweiten sind stark verwacklungsgefährdet und nur mit kurzen Belichtungszeiten, aufgelegter Kamera oder einem Stativ zu benutzen. Deshalb halten Systeme zur Bildstabilisierung auch bei Digitalkameras Einzug. Hierbei erfassen Sensoren das Wackeln der Kamera, und optische Elemente sorgen mit blitzschnellen Kompensationsbewegungen innerhalb des Objektivs für ruhigen Bildstand. Diese optischen Stabilisatoren vergeuden keine Pixel, während elektronische oder digitale Stabilisierungssysteme einen gewissen CCD-Randbereich als Ausweichreserve benötigen. Die Pixel dieses Bereichs gehen folglich für das Bild verloren.

Die **Lichtstärke** gibt Auskunft darüber, wie hell das vom Objektiv entworfene Bild sein kann. Korrekt spricht man von der größten relativen Öffnung, in der

Beispiel für die Abbildungsoptik in einer Digitalkamera, bestehend aus Zoomobjektiv und Bildsensor. Vor dem Sensor sind Filter (Infrarot-Sperrfilter, optisches Tiefpassfilter etc.) angeordnet. Dargestellt ist die Linsenposition für längste Brennweite (Tele) und Unendlicheinstellung.

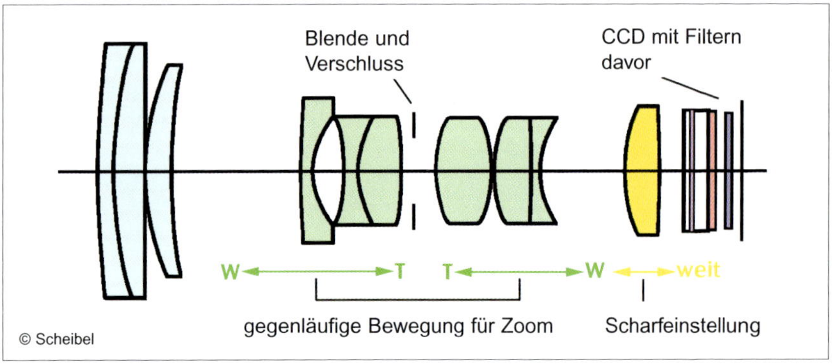

fotografischen Umgangssprache von der größten Blende. Eine hohe Lichtstärke (große Blendenöffnung = kleiner Blendenwert) hat einige Vorzüge. Man kann bei weniger Licht noch ohne Blitz fotografieren, und wenn ein Blitzgerät zum Einsatz kommt, ist dessen Reichweite größer. Auf Grund physikalisch-optischer Zusammenhänge darf die Lichtstärke nicht zu gering sein, da sonst die Allgemeinschärfe infolge Beugung abnimmt (siehe auch Seite 65).

An die **Leistung und Korrektion** von Objektiven für Digitalkameras werden besondere, teils recht hohe Anforderungen gestellt. Wegen der kleinen Aufnahmeformate und der starken Nachvergrößerung muss das Auflösungsvermögen der Objektive sehr hoch sein und erreicht Werte über 200 Linienpaare pro Millimeter. Am besten wäre es, wenn der Kontrast bis zur Auflösungsgrenze des Bildsensors nahe 100% bliebe und darüber zur Vermeidung bildstörender Phänome schlagartig auf Null fallen würde. Weil eine solche Idealkorrektur nicht annähernd realisierbar ist, werden sogar zur Begrenzung des Auflösungsvermögens optische Tiefpassfilter eingebaut. Auch die häufig im Strahlengang befindlichen Infrarot-Sperrfilter dienen nicht nur einer verbesserten Farbwiedergabe, sondern entlasten gleichzeitig die chromatische Korrektion des Objektivs. Um ein gutes Zoomobjektiv für eine Digitalkamera zu konstruieren, braucht man viele Linsen, die zu Gruppen zusammengefasst, für die Brennweiten- und Schärfe-Einstellung axial verschoben werden. Einige der Linsenflächen sind asphärisch geformt (von der Kugelgestalt abweichend), manche Linsen bestehen aus speziellen optischen Gläsern mit anomaler Dispersion. Um die Lichtdurchlässigkeit hoch und die Reflexionsneigung klein zu halten, sind die Linsen mehrschichtig vergütet.

Digitalkameras mit **Wechselobjektiven** sind höheren Preisklassen vorbehalten und basieren fast immer auf Spiegelreflexkameras für Kleinbildfilm. Meistens lässt sich ein großer Teil des vorhandenen Objektivsystems an diesen Kameras benutzen. Weil die Abmessungen der eingebauten Bildsensoren meistens das Kleinbildformat nicht ausfüllen, ergeben sich kleinere Bildwinkel, was eigentlich längeren Brennweiten entspricht. Ein Beispiel: Beträgt der Verlängerungsfaktor

Zoom

35 mm ⟷ 100 mm

1,5x, hat ein 28 mm-Objektiv an der Digitalkamera die Wirkung eines 42 mm-Objektivs an der Kleinbildkamera. Den Freund von Tele-Aufnahmen freut es, für Weitwinkelfotos ist jedoch ein Super-Weitwinkel-Objektiv nötig. Manche Hersteller haben solche Wechselobjektive mit extrem kurzen Brennweiten speziell für ihre digitalen Kameraversionen herausgebracht.

Bildkontrolle und -wiedergabe

Die meisten Digitalkameras bieten für die Wahl des Bildausschnitts einen LCD-Monitor und einen optischen Sucher. Die optischen Sucher werden erfreulicherweise immer seltener weggelassen, denn beide Systeme ergänzen sich gut. Der eingebaute Monitor, der auch oder vor allem zur Bildkontrolle dient, fehlt ohnehin nur bei ganz wenigen Billig-Modellen.

Optischer Sucher

Meistens ein separates optisches Modul vom Typ des Echtbild-Suchers, der bei Zoomobjektiven der Brennweitenverstellung folgt. Der sichtbare Bildausschnitt ist in der Regel merklich kleiner als das tatsächliche Objektfeld. Vorteile gegenüber dem LCD-Monitor: Die Wahl des Bildausschnitts ist nicht mit erhöhtem Stromverbrauch verbunden und auch bei hellem Umgebungslicht ohne Probleme möglich. Außerdem kann man die Kamera beim Auslösen am Gesicht abstützen. Nachteil: Bei Nahaufnahmen macht sich die Parallaxe bemerkbar, d.h. durch den Abstand zwischen Sucher und Objektiv stimmt der gesehene Bildausschnitt immer weniger mit der fertigen Aufnahme überein.Je mehr man sich dem Objekt nähert, umso ungenauer wird das Sucherbild.

Spiegelreflex und EVF

Digitalkameras nach dem Spiegelreflexprinzip oder mit EVF-Sucher (Electronical ViewFinder) arbeiten parallaxenfrei. Hier zeigt der Sucher immer das vom Objektiv und Sensor erfasste Bild und die Schärfenverteilung lässt sich beurteilen. Während bei den professionellen Wechseloptik-Spiegelreflexen in gewohnter Weise ein Umlenkspiegel auf- und abklappt, wirkt in Consumer-Digitalkameras meistens ein Strahlenteiler, der einen Teil des Lichts für den Sucher abzweigt.

Eine neue Variante ist der mit dem Kürzel EVF bezeichnete elektronische Sucher. Das vom Sensor gelieferte Bild wird auf einen sehr kleinen LCD-Monitor übertragen, den man durch eine Sucherlupe betrachtet. Die Parallaxe entfällt und der Stromverbrauch ist im Vergleich zum großen LCD-Monitor geringer. Die geschlossene Sucheroptik verhindert störenden Fremdlichteinfall. Vorteilhaft gegenüber dem optischen Spiegelreflexsucher ist, dass sich Daten und Menüs genau so wie auf dem äußeren LCD-Schirm anzeigen lassen. Allerdings erreicht die Sucherbild-Auflösung nur 1/20 bis 1/10 dessen, was man von Kleinbild-Spiegelreflexkameras gewohnt ist. Diesbezüglich hilfreich ist es, wenn sich die Bildmitte digital vergrößern lässt.

Kameras wie die Fujifilm FinePix 4900 Zoom und 6900 Zoom sind zusätzlich zum LCD-Schirm (links) mit einem elektronischen Lupensucher (rechts) ausgestattet. Dieser TTL-Sucher bietet – wie ein Spiegelreflexsucher – eine genaue und parallaxenfreie Bildkontrolle.

LCD-Farbmonitor

Die Diagonale der eingebauten LCD-Monitore beträgt zwischen 4 und 6 cm, in Einzelfällen bis 9 cm. Das entspricht Bildgrößen zwischen etwa 3 x 2,4 cm und 7 x 5 cm. Die Zahl der angezeigten Bildpunkte reicht im allgemeinen von 55.000 bis 200.000. Zum Vergleich: Für die Betrachtungsgüte auf der Einstellscheibe einer Kleinbild-Spiegelreflexkamera brauchte man etwa zwei Millionen Bildpunkte.

Für hochqualitative Farbdarstellung und gute Sichtbarkeit aus verschiedenen Winkeln basieren die Flüssigkristallschirme auf einer aktiven Matrix aus Dünnfilmtransistoren (TFT). Für die korrekte Beurteilung von Helligkeit und Kontrast muss dennoch möglichst gerade auf den Monitor geschaut werden. Ein schwenkbarer Monitor kommt Aufnahmen aus der Froschperspektive und anderen ungewöhnlichen Kamerahaltungen entgegen.

Wird der Monitor von hellem Licht beschienen, kann die Erkennbarkeit des Bildes sehr eingeschränkt sein, und man benutzt besser den optischen Sucher bzw. EVF-Sucher. Ansonsten hilft nur das Beschatten des Displays, eventuell mit einer selbstgebauten oder von Zubehörfirmen erhältlichen Sonnenblende. Wenn es auf die präzise Festlegung des Bildausschnitts ankommt – besonders bei Nahaufnahmen, sind die LCD-Sucher dem Durchsicht-Sucher überlegen. Eine hundertprozentige Übereinstimmung mit der Bilddatei ist allerdings so gut wie nie gegeben. Das Monitorbild zeigt meist einen Tick weniger, ist manchmal seitlich verschoben, und über Bildhöhe und -breite können die Abweichungen verschieden stark sein. Fazit: Mit der vorhandenen Kamera Probeaufnahmen machen, um ein Gefühl für die Verhältnisse zu bekommen.

Der eingebaute Monitor ist für die sofortige Kontrolle einer Aufnahme unverzichtbar. Für mehr Überblick können oft vier oder neun Bilder gleichzeitig angezeigt werden (häufig als »Index-Wiedergabe« bezeichnet). Eine vergrößerte Darstellung von Bildteilen (»Zoom-Wiedergabe«) erlaubt die bessere Beurteilung der Aufnahmequalität. Dieser Ausschnitt lässt sich manchmal als eigene Datei abspeichern – eine Art nachträgliches Digitalzoom. Und für automatische Präsentationen kann man häufig »Diaschauen« programmieren.

Was es noch anzumerken gibt: Je höher die Anzeigefrequenz, desto weniger ruckelt das Live-Bild beim Schwenken der Kamera und beim Zoomen. Einige

Die LCD-Sucher der FinePix 4900 Zoom (äußerer Bildschirm oder EVF-Lupensucher) zeigen auf Wunsch ein ungestörtes, einblendungsfreies Bild oder die wichtigsten Aufnahmedaten wie Bildnummer, Autofokusfeld, Belichtungsfunktion, Blende, Belichtungszeit, Bildgröße (Pixelzahl der längeren Formatkante), Qualitätsmodus und vieles andere mehr. Als Gestaltungshilfe lässt sich sogar ein Gitternetz einblenden.

Modelle besitzen einen Helligkeitsregler für den Monitor; manchmal lässt sich ein Gitternetz als Hilfe für die Bildgestaltung einblenden. Bei bestimmten Spiegelreflexmodellen kann der LCD-Monitor nicht als Sucher verwendet werden!

Die Anzeige-Qualität der LCD-Monitore ist sehr unterschiedlich. Zum Festlegen des Bildausschnitts und Abarbeiten von Menüs reicht sie allemal. Wer jedoch auf dem LCD-Monitor die Bildwirkung beurteilen und Details sehen will, sollte beim Kauf möglichst viele Modelle vergleichen.

Fernsehgerät als Monitor

Wenn an der Digitalkamera ein Video-Ausgang vorhanden ist, lässt sich das Bild des LCD-Monitors auf einen Fernsehbildschirm umleiten. Bei stationären Aufbauten sowie unter Studiobedingungen kann dies auch beim Aufnehmen nützlich sein. Mehr zum Video-Anschluss und den Wiedergabe-Möglichkeiten ab S. 107.

Schärfe einstellen

Damit das Hauptobjekt in bester Schärfe abgebildet wird, muss das Objektiv auf die Entfernung zwischen Objekt und Kamera eingestellt werden. Vor und hinter dieser Einstellebene fällt die Schärfe allmählich ab – die Zone mit ausreichender Schärfe nennt man Schärfentiefebereich (mehr dazu ab S. 63). Weil die Schärfentiefe bei Digitalkameras prinzipiell sehr groß ist, begnügen sich einfachere Kameras mit einer festen Einstellung auf Nah bis Unendlich (Fixfokus).

Die meisten Modelle arbeiten aber mit einer automatischen Scharfeinstellung, kurz **Autofokus** oder AF genannt. Diese Fokussierung bezieht sich normalerweise auf das Objekt oder die Motivpartie in der Bildmitte, es werden aber auch Mehrfeld- und Großfeld-AF-Systeme eingebaut. Die Messzone ist meistens im Sucher markiert. Durch Andrücken des Auslösers wird die Fokussierung gestartet und gespeichert, so dass der Bildausschnitt vor dem Auslösen noch verändert werden kann (sinnvoll bei außermittigen Hauptobjekten).

Der Schärfespeicher kann auch benutzt werden, um bei AF-Schwierigkeiten auf ein Ersatzobjekt in ungefähr gleicher Entfernung zu fokussieren. Wie bei konventionellen Kameras gibt es zahlreiche Varianten wie den Mehrzonen-Autofokus mit automatischer oder manueller Messfeldwahl und die kontinuierliche Schärfenachführung.

Das Funktionsprinzip der automatischen Scharfeinstellung basiert bei den meisten Digitalkameras auf dem Kontrast des vom Bildsensor aufgenommenen Bildes (TTL-CCD-AF). Das Objektiv wird solange verstellt, bis der höchste Kontrast und damit eine scharfe Abbildung erreicht ist. Damit die Scharfeinstellung innerhalb der Blitz-

Damit die Schärfe da liegt, wo sie hingehört, muss man mit dem Autofokusfeld im Sucher auf die bildwichtige Partie zielen (grüner Rahmen) und vor dem endgültigen Festlegen des Bildausschnitts die Schärfe speichern. Anderenfalls wird auf die Partie scharfgestellt, die sich in der Bildmitte (weißer Rahmen) befindet – hier wäre das der Hintergrund gewesen.
Aktive Autofokus-Systeme mit ihrem IR-Strahl funktionieren auch in totaler Dunkelheit. Passive AF-Systeme benötigen dafür ein Hilfslicht.

reichweite auch bei völliger Dunkelheit funktioniert, senden einige Kameras ein Hilfslicht für die Sensorik aus. Weniger verbreitet sind aktiver Infrarot-Autofokus und passives AF-System mit externem CCD-Sensor.

Wenn der Autofokus motivbedingte Probleme hat oder die Entfernung fest eingestellt sein soll, hilft die **manuelle Fokussierung** weiter. Mit dieser kann man es sich beispielsweise ersparen, immer wieder neu auf ein Objekt außerhalb der Bildmitte zielen und speichern zu müssen. Bei entsprechender Ausstattung ist entweder ein Durchfahren des gesamten Einstellbereichs möglich oder die Fixierung auf vorgegebene Entfernungen (zum Beispiel 40 cm, 2,5 m oder Unendlich). Die visuelle Beurteilung der Schärfe ist im Durchsicht-Sucher gar nicht, auf dem LCD-Monitor leidlich und am besten im Spiegelreflexsucher möglich.

Digitalkameras bieten oft sehr kurze Nahgrenzen (bis zu 1 cm) oder gesonderte Makro-Einstellungen, mit denen man kleine Objekte groß abbilden kann. Bei Zoomobjektiven muss man durch Probieren herausfinden, mit welcher Brennweite sich die größte Abbildung ergibt (siehe ab S. 69).

Belichtung messen und steuern

In der Regel wird die Motivhelligkeit durch das Objektiv (TTL) auf dem Bildsensor gemessen. Mittenbetonte Integralmessung bedeutet, dass bei der Ermittlung der durchschnittlichen Helligkeit die Bildmitte, in der sich das Hauptobjekt vorwiegend befindet, stärker bewertet wird als der Randbereich. Bei Mehrfeldsystemen nimmt die Kamera eine »intelligente« Gewichtung der einzelnen Messergebnisse vor, gegebenenfalls fließen Erkenntnisse über die räumliche Verteilung des Motivs ein (Mehrzonen-Autofokus). Die Beschränkung auf eine bestimmte Objektpartie ist mit der Spotmessung möglich. Sie hilft bei schwierigen Motiven, beispielsweise bei einem Hauptobjekt mit einem sehr viel helleren oder dunkleren Umfeld. Ohne Spotmessung oder Belichtungskorrektur würde das Hauptobjekt in diesem Fall unter- bzw. überbelichtet.

Die **Belichtungsautomatik** sucht nun für die ermittelte Motivhelligkeit (Belichtungswert) eine zur Lichtempfindlichkeit des Bildempfängers passende Paarung aus Belichtungszeit und Blendenöffnung. Dunkle Motive erfordern längere Zeiten

Damit das mittelalterliche Kleinod in der Museumsvitrine aus freier Hand aufgenommen werden konnte (1/60 s Belichtungszeit), wurde die Lichtempfindlichkeit der Digitalkamera manuell auf ISO 800 erhöht. Bei ISO 100 wäre das Bild mit 1/8 s verwacklungsunscharf geworden. Der Einsatz von Blitzlicht hätte den Charakter der Aufnahme zerstört und Reflexionen in der Glasscheibe bewirkt.

und größere Blenden, helle Motive das Umgekehrte. Für jeden Belichtungswert gibt es verschiedene Kombinationsmöglichkeiten aus Belichtungszeit und Blendenöffnung, die zur gleichen Bildhelligkeit führen. Das ist interessant zu wissen, weil sich die Belichtungszeit auf die Bewegungsschärfe und die Blende auf die Schärfentiefe auswirkt (siehe S. 62). Darüber hinaus wird die Lichtempfindlichkeit (ISO) automatisch der vorhandenen Helligkeit angepasst und/oder sie lässt sich manuell vorwählen.

Viele Digitalkameras haben nur eine Festblende, so dass die Belichtungssteuerung ausschließlich durch das Variieren der Zeit erfolgt. Diese Belichtungszeit wird entweder elektronisch (mit der Abtastzeit) oder durch einen mechanischen Verschluss (mit abdeckenden Lamellen) erzeugt. Verbreitet sind Zeitenbereiche von etwa 0,5 s bis 1/1000 s. Superkurze Zeiten gehen bis 1/10.000 s und spezielle Langzeitfunktionen bis 60 s.

Von einer Programmautomatik spricht man, wenn neben der Belichtungszeit auch die Größe der Blendenöffnung in zwei oder mehr Stufen gesteuert wird. Die automatische Regelung der Blende kommt auch im Zusammenhang mit Blitzlicht- und Makro-Aufnahmen vor. Außerdem kann die Kamera zusätzliche Belichtungsfunktionen wie Motivprogramme (Porträt, Sport/Action, Landschaft, Nacht, Sonnenuntergang etc.), Zeitautomatik mit Blendenvorwahl, Blendenautomatik mit Zeitvorwahl und vollmanuelle Einstellung zur Verfügung stellen. Häufig lässt die Digitalkamera den Benutzer im Unklaren darüber, welche Einstellungen sie automatisch vornimmt. In den Bilddateien werden aber oft Aufnahmedaten gespeichert, die Rückschlüsse auf die Funktionsweise erlauben (Exif, S. 30).

Die **Belichtungsmessung** kann durch bestimmte Motive getäuscht werden. Auf große Schneeflächen oder Objekte im Gegenlicht reagiert die Automatik mit einer zu knappen Belichtung, d.h. das

Tipp gegen Blooming

Bei Sachaufnahmen zum Beispiel mit weißen Gravuren auf schwarzem Grund kann das Blooming des Bildsensors (Überstrahlen der hellen Teile) die Detailerkennbarkeit deutlich beeinträchtigen. Dagegen hilft eine absichtlich knappere Belichtung (in feinen Stufen) und nachträgliche Aufhellung des gesamten Bildes per Bildbearbeitung.

Korrektur -1 EV

keine Korrektur

Korrektur +1 EV

So sehen die Bilder aus, wenn sie mit und ohne Belichtungskorrektur aufgenommen wurden. Zwar kann man die Bildhelligkeit nachträglich per Bildbearbeitung korrigieren, doch lassen sich dabei die zugelaufenen Schatten oder ausgefressenen Lichter nicht mehr rekonstruieren.

gesamte Bild oder das Hauptobjekt wird zu dunkel. Das Gegenteil geschieht mit Personen im Scheinwerfer-Spot auf einer dunklen Bühne. Einen Ausgleich ermöglicht die manuelle **Belichtungskorrektur**, die einen Bereich von ±2 Belichtungsstufen (oder mehr) umfassen kann – oder auch nur eine Plus-Einstellung für Gegenlicht. Die Wirkung sieht man an der fertigen Aufnahme oder schon vor dem Auslösen auf dem Monitor-Livebild. Komfortabel ist eine Belichtungsreihenautomatik, mit der das gleiche Motiv kurz hintereinander mit verschiedenen Korrekturwerten aufgenommen wird. Man braucht nur noch das beste Bild aus der Reihe auszusuchen und den Rest zu löschen.

Sehr hohe Helligkeitsunterschiede innerhalb eines Motivs lassen sich auch durch Belichtungskorrekturen nicht unter einen Hut bringen. Man kann aber mit ihrer Hilfe erreichen, dass die bildwichtigste Partie optimal im Bild erscheint. Bei nicht zu großen Abständen bietet sich zudem die Aufhellung mit Blitzlicht an. Manche Kameras verfügen außerdem über eine variable Kontrastvorwahl.

Weißabgleich für neutrale Farbwiedergabe

Verschiedene Lichtquellen wie blauer Himmel, Glühlampen und Leuchtstoffröhren führen zu unterschiedlicher, häufig verfälschter Farbwiedergabe in den Aufnahmen. Ohne Gegenmaßnahmen bewirkt zum Beispiel Glühlampenbeleuchtung eine gelblich-rötliche Farbverschiebung. Damit ein Motiv in den gewohnten, »natürlichen« Farben erscheint, muss die

Farbtemperatur von Lichtquellen

Lichtquelle	Farbtemperatur (Kelvin)
Glühlampen (T)	um 2800 K
Fotolampen (T)	3100–3400 K
Halogenlampen	3200–3400 K
Elektronenblitzlicht	um 5500 K
Tageslicht (D)	5500–6500 K
Himmelslicht	über 10.000 K

englische Begriffe: T=Tungsten, D=Daylight

Automatischer Weißabgleich

Manuell auf Kunstlicht

Manuell auf Tageslicht

Die Puppe wurde mit einer Halogen-Fotolampe (Glühlampe) beleuchtet. Der automatische Weißabgleich meistert seine Aufgabe gut. Bei manueller Einstellung auf Kunstlicht ist die Farbwiedergabe neutraler, aber auch etwas kälter. Das rechte Bild zeigt den typischen Gelbrotstich bei der (fehlerhaften) Kalibrierung auf Tageslicht.

Digitalkamera zum Ausgleich die RGB-Anteile jeweils anders gewichten. Dazu dient der so genannte Weißabgleich. In automatischer Funktion versucht die Kamera durch Analyse der Farbzusammensetzung die Farbtemperatur der Lichtquelle zu bestimmen und entsprechend zu kompensieren. Hellfarbene oder weiße Motivteile erleichtern diesen Vorgang. Wird der selbsttätige Weißabgleich mit dem Andrücken des Auslösers gespeichert, kann man zur Unterstützung ein weißes Blatt in das Bildfeld halten und vor dem Auslösen wieder entfernen.

Für den Fall, dass die Automatik nicht das gewünschte Ergebnis bringt, stehen meistens manuelle Voreinstellungen zur Verfügung. Die Kamera kann dann fest auf Tageslicht, bewölkten Himmel, Glühlampen oder Leuchtstoffröhren kalibriert werden. Manchmal lassen sich Farbtemperaturwerte in Kelvin wählen, oder es gibt eine Weißabgleich-Speicherfunktion, wie sie von Videokameras her bekannt ist.

Blitzlicht

Ein eingebautes Blitzgerät gehört zu den Features der allermeisten Digitalkameras. Es ist immer zur Hand, wenn das vorhandene Licht nicht ausreicht oder Schatten aufgehellt werden sollen. Die Leistungsfähigkeit dieser kleinen Elektronenblitzer ist begrenzt: Die max. Reichweite liegt meist zwischen 2,5 und 4 m, die Blitzfolgezeit beträgt mehrere Sekunden. Die Meter-Angaben gelten für mittelhelle, nicht zu große Innenräume und dürfen nicht als Zentimeter-genaue Maße missverstanden werden. Sie beziehen sich außerdem auf eine bestimmte Lichtempfindlichkeit (z.B. ISO 100/21°).

Wenn eine Digitalkamera auf höhere Empfindlichkeiten umgeschaltet werden kann, vergrößert sich bei gleicher Blende die Reichweite. Ist die Blitzleistung durch eine Leitzahl spezifiziert (z.B. Lz 10), teilt man diesen Wert durch die benutzte Objektivblende und erhält so die Meter-Angabe. Mit einem Zoomobjektiv auf Längstbrennweite nimmt die Reichweite

Das Blitzgerät dieser Kamera klappt hoch, wodurch sich der Abstand zum Objektiv vergrößert und roten Blitzaugen oder störenden Reflexen auf Brillengläsern etwas vorgebeugt wird.
Foto: Fujifilm

analog zur Objektivlichtstärke ab (umgekehrte Verhältnisse herrschen, falls ein Blitz-Zoomreflektor dem engeren Tele-Bildwinkel folgt).

Die verfügbaren Blitzfunktionen sind aus der konventionellen Fotografie bekannt. Mit »AUTO« zündet das Blitzgerät bei geringer Helligkeit automatisch. Es lässt sich auch ganz abschalten oder für Aufhellblitze auf jeden Fall zünden. Gegen rot leuchtende Augen auf geblitzten Personenaufnahmen sollen Vorblitze helfen. Mitunter ist die Blitzsynchronisation zu langen Belichtungszeiten möglich, damit nicht nur das angeblitzte Objekt, sondern auch ein schwach beleuchtetes Umfeld in der Aufnahme erscheint. Vereinzelt lässt sich dabei die Blitzzündung auf das Ende der Verschlusszeit synchronisieren, damit eine durch das Restlicht sichtbare Objektbewegung dazu harmoniert.

Die richtige Blitzbelichtung des Hauptobjekts wird automatisch geregelt. Die Blitzstärke lässt sich manchmal auch manuell beeinflussen. Bei häufigem Blitzeinsatz muss man daran denken, dass die Batterien oder Akkus der Kamera (noch) schneller erschöpft sind.

Externe Blitzgeräte sind nicht nur erheblich leistungsstärker als die eingebauten Miniblitzer, sondern bieten darüber hinaus zusätzliche Blitzfeatures.

Verfügt die Digitalkamera über einen Anschluss für **externe Blitzgeräte**, verbessern sich die Möglichkeiten in Form größerer Reichweiten und flexibler Lichtführung. Akzeptiert die Kamera systemkompatible Blitzgeräte, die über den Blitzkontaktschuh verbunden werden (oft aus den Spiegelreflexsystemen der jeweiligen Hersteller entlehnt), funktioniert alles wie gewohnt automatisch. Außerdem stehen viele zusätzliche Blitzfunktionen zur Verfügung. Wird ein externes Blitzgerät z.B. an einen einfachen Hot-Shoe (nur ein Kontakt) angeschlossen, muss entweder alles (Blende, Belichtungszeit, Weißabgleich) manuell eingestellt werden, oder es existiert ein Blitzmodus, der bestimmte Voreinstellungen beinhaltet. An solch einem Hot-Shoe oder einer Synchron-

Für Selbstauslöser-Aufnahmen ist es wichtig, dass Fixpunkte wie hier die Schaukel eine möglichst genaue Voreinstellung des Bildausschnitts gestatten. Wenn die Personen auf irgendeinen vereinbarten Punkt abseits der Kamera blicken, sieht das vorteilhafter aus als das berüchtigte Anstarren der Kamera bzw. deren Selbstauslösersignal.

buchse lassen sich praktisch alle Blitzgeräte anschließen. Vor dem Anschluss jedoch unbedingt die Hinweise in der Kamera-Bedienungsanleitung lesen!

Auch für Digitalkameras ohne Blitzanschluss gibt es eine Lösung: die Zündung von externen, sensorgesteuerten Blitzgeräten durch das eingebaute Blitzgerät. Das heißt, durch einen Fotosensor erkennt das getrennt positionierte Gerät (»Slave«) den Blitz der Kamera und gibt praktisch gleichzeitig sein (stärkeres) Blitzlicht hinzu. Ein Beispiel ist das kompakte und universelle Fujifilm FPF 34 mit Leitzahl 34, Slave-Sensor und drei Automatikblenden für die Anpassung an den Objektabstand. Kleiner Hinweis: Bei der Digitalkamera müssen die Rote-Augen-Vorblitze abgeschaltet sein. Mehr zum Thema Blitzen ab S. 67.

Auslösung

Die mit dem Auslösen verbundenen Abläufe und Regeln unterscheiden sich kaum vom Gebrauch filmbestückter Kameras. Um Verwacklungsunschärfen zu vermeiden, achtet man auf eine ruhige und unverkrampfte Körper- und Kamerahaltung, sowie auf das sanfte und ruckfreie Betätigen des Auslösers. Bei Verwendung des optischen Suchers kann man die Kamera gut am Gesicht abstützen (auch wenn die Nasenspitze unschöne Fettspuren auf dem LCD-Monitor hinterlässt). Bei Hochformataufnahmen sollte sich die Auslösehand oben befinden. Im Falle von Blitzaufnahmen ist primär zu beachten, dass das Blitzgerät nicht tiefer als das Objektiv liegt. Gerade bei Digitalkameras ist es wegen der zum Teil beachtlichen Auslöseverzögerung und dem Fehlen eines eindeutigen Auslösegeräuschs wichtig, nach dem Durchdrücken des Auslösers einen Moment ruhig zu verharren. Manchmal geben die Kameras ein Tonsignal ab, sobald die Aufnahme »im Kasten« ist. (Mehr über Verwacklungsunschärfen auf S. 62).

Typischerweise arbeitet die Auslösetaste zweistufig. Das teilweise Eindrücken bewirkt die automatische Einstellung und Speicherung von Schärfe, Belichtung und Weißabgleich, worauf ein Signal zur Bestätigung aufleuchtet. Arbeitet die Kamera mit Schärfe-Priorität, ist ein Auslösen ohne erfolgreiche Fokussierung nicht möglich. Ebenso wird beim Blitzen das vollständige Aufladen des Blitzgeräts abgewartet. Eine wichtige Größe ist die Aufnahmebereitschaft nach dem Einschalten und bei Bildserien. Bei manchen Digitalkameras vergehen nach dem Betätigen des Hauptschalters etliche Sekunden, bis ausgelöst werden kann. Eine Wartezeit von »nur«

zwei Sekunden gilt als sehr gut. Damit Bilder im Sekundentakt oder schneller ausgelöst werden können, muss die Kamera für Serienaufnahmen eingerichtet sein (mehr im nächsten Abschnitt).

Bei Telebrennweiten, langen Belichtungszeiten und Makro-Aufnahmen besteht erhöhte Verwacklungsgefahr durch das Auslöserdrücken – auch wenn die Kamera auf einem Stativ montiert ist. Fernauslösekabel für die erschütterungsfreie Auslösung lassen sich nur ganz selten an Digitalkameras anschließen. Der Selbstauslöser für die Gruppenaufnahme fehlt praktisch an keiner Digitalkamera und bietet oft eine lange und eine kurze Verzögerungszeit. Er kann unter Umständen auch als Ersatz für eine fehlende Fernauslösemöglichkeit dienen. Kameras mit Timer-Funktion erlauben automatische Zeitraffer-Serien mit wählbaren Auslöse-Intervallen (wie zum Beispiel 30 s, 1 min, 10 min oder 1 h). Zu guter Letzt sei die gelegentlich mögliche Fernsteuerung einschließlich Auslösung durch einen Computer erwähnt.

Tipp für schnelle Kamerareaktion:

Die Auslöseverzögerung (Zeit zwischen Auslöserdrücken und Aufnahme) ist kürzer, wenn durch teilweises Eindrücken des Auslösers die Kamera ihre Einstellungen schon vorgenommen und gespeichert hat. Auch das Umschalten auf manuelle Scharfeinstellung beschleunigt den Auslösevorgang.

Bildfolge und Serienaufnahmen

Mit analogen Kameras kann man Bilder in schneller Folge aufnehmen, bis der Film voll ist (meistens bis max. 36 Aufnahmen). Der eingebaute Motor transportiert den Film in Sekunden oder Sekundenbruchteilen weiter. Bei Digitalkameras ist das etwas anders, denn normalerweise werden nach dem Auslösen die Bilddaten aufbereitet und auf das Speichermedium geschrieben, bevor die nächste Aufnahme möglich ist. Das kann je nach Bildgröße, Speicherkarte, Kamera-Elektronik etc. etliche Sekunden dauern. Um diese Wartezeit auf rund eine Sekunde zu verkürzen, ja sogar

Für rasante Bildfolgen braucht man zur geeigneten Kamera ein schnelles Speichermedium. Fotos: Lexar

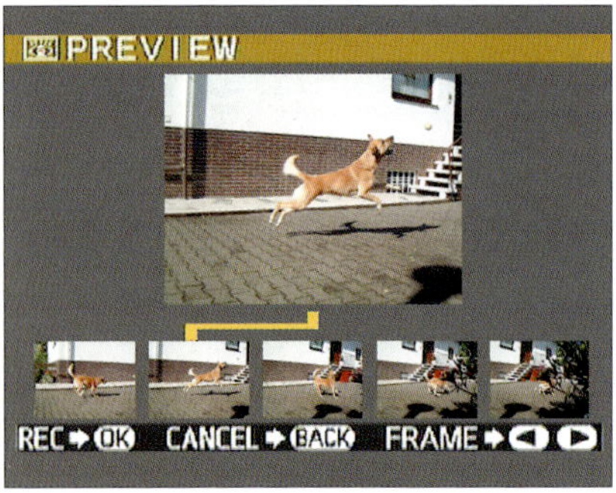

Einige FinePix Kameramodelle erlauben Bildserien mit fünf Bildern in einer Sekunde. Nützlich ist diese Funktion, wenn es auf den richtigen Moment eines Bewegungsablaufs ankommt. Anhand der Vorschau kann man vor dem Abspeichern das beste Foto aussuchen.

Bildserien in schneller Folge aufnehmen zu können, muss ein schneller Speicherzugriff zu einem ausreichend großen internen Zwischenspeicher (RAM) vorhanden sein und gegebenenfalls die Auflösung reduziert werden.

Dank eingebautem Speicher kann man schon wieder auslösen, während die Kamera noch das letzte Bild auf die Speicherkarte überträgt. In Serienbildfunktion nimmt die Kamera die Bilder im kürzestmöglichen Zeitabstand auf, solange man den Auslöser gedrückt hält. Abhängig von der Größe des internen Speichers lässt sich jedoch nur eine begrenzte Anzahl von Bildern in schneller Folge aufnehmen.

Beispiel für die maximale Serienlänge einer Digitalkamera, die in Serienfunktion ein Bild pro Sekunde macht:

Auflösung	Bildqualität Fein	Normal
2048 x 1536	5 Bilder	12 Bilder
1024 x 768	17 Bilder	36 Bilder
640 x 480	46 Bilder	89 Bilder

Um Bewegungsabläufe oder rasche Zustandsänderungen erfassen zu können, werden die Digitalkameras immer schneller – schon jetzt haben sie mit Spitzenwerten bis zu 30 Bildern pro Sekunde ihre filmbestückten Schwestern weit hinter sich gelassen. Einige Beispiele für die Leistungsfähigkeit verschiedener Kameras: 30 B/s bei 320 x 240 oder 640 x 480 Pixel, 15 B/s bei 1360 x 1024 Pixel, 5 B/s bei 2048 x 1536 Pixel.

Je nach Kameratyp muss man nach einer Bildserie warten, bis alle Aufnahmen auf das Speichermedium übernommen sind (was entsprechend lang dauert), oder kann recht schnell wieder einzelne Bilder bzw. kürzere Serien nachschießen. Praktisch ist, wenn eine (Grafik-)Anzeige darüber informiert, wieviele Aufnahmen wieder »frei« sind.

Die Kameras verwalten Bildserien entweder wie normale Einzelbilder oder blockweise. Bei bestimmten Fujifilm Kameras erscheint *vor* dem Abspeichern eine Vorschau der fünf Serienbilder, so dass man alle oder einzelne Bilder zum Speichern wählen oder auch die Serie komplett anullieren kann. Eine interessante Variante für Bewegungsstudien im Sport und anderswo sind Funktionen, die 16 oder 25 kleinformatige Ansichten aus einer Serie in einem Bild vereinen.

Video- und Audio-Aufnahmen

Digitalkameras mit der Möglichkeit zur Aufnahme von Ton und/oder bewegten Bildern ersetzen zwar weder DAT-Recorder noch Videokameras, haben aber manch praktischen oder spielerischen Nutzen. Je nach Kameramodell kann die Tonaufzeichnung im Moment der Stehbildaufnahme, nachträglich dazu, alleine

(Funktion als Diktiergerät) oder zusammen mit einer Videoaufnahme erfolgen. Gespeichert wird üblicherweise im Wave-Format.

Hinter Bezeichnungen wie Video-Clip, Bewegtbild, Filmsequenz, Videofunktion, Movie, Kurz-Video und ähnlich verbergen sich Funktionen, mit denen man meist kurze Filmszenen (auch mit Ton) in gängigen Videoformaten wie MPEG, AVI, Motion JPEG, QuickTime etc. aufnehmen, mit dem Computer abspielen, in Web-Seiten einbringen und per E-Mail verschicken kann. Die Leistungsfähigkeit von Videofunktionen ist recht unterschiedlich. Entscheidend für Qualität und Anwendung sind die erreichbare Bildfrequenz, Auflösung und maximale zeitliche Länge.

Die Bildrate beginnt bei 10 B/s mit gerade noch fließenden, deutlich ruckelnden Bewegungen. Recht glatte Abläufe ergeben sich mit 15 B/s oder 20 B/s – einzelne Kameras erreichen sogar 30 B/s (zum Vergleich: Schmalfilmkameras haben 16 bzw. 18 B/s). Die maximale Szenenlänge kann 15 Sekunden oder auch fünf Minuten betragen. Sie hängt maßgeblich von der Größe des Pufferspeichers und von der Bildauflösung ab, die für mäßige TV-Qualität mit 320 x 240 Pixel und für E-Mail- oder Web-Video mit etwa 160 x 120 Pixel verfügbar ist.

Nach Beenden einer Video-Aufnahme wird der Pufferinhalt auf die Speicherkarte übertragen. Nur wenige Kameras erlauben eine kontinuierliche Aufnahme, bis das Speichermedium vollgeschrieben ist. Erfahrene Filmer wissen aber, dass man aus nur sekundenlangen Szenen durchaus einen brauchbaren Film zusammenschneiden kann.

Abspielprogramme zum Wiedergeben von Videoaufnahmen aus der Digitalkamera gehören heute zum Computer-Betriebssystem (hier der QuickTime-Player). Mit einfacher Videoschnitt-Software lassen sich aus kurzen Video-Clips Filme zusammenschneiden.

Spezielle Aufnahme- und Bildbearbeitungsfunktionen

Bereits vor der Aufnahme lassen sich je nach Kamera-Ausstattung bestimmte Bildeigenschaften bezüglich Farbe, Schärfe und Kontrast festlegen. Beispiele sind monochrome Aufnahmen in Schwarzweiß oder im »antik« wirkenden Sepia-Ton. Diese und ähnliche Effekte lassen sich selbstverständlich auch nachträglich auf dem Computer erzeugen. Die Anwendung macht nur Sinn, wenn die Aufnahme sofort (und ausschließlich!) in der speziellen Form gewünscht wird.

Digitalkameras führen von Hause aus eine gewisse Schärfung der Aufnahmen durch, die stets einen Kompromiss zwischen einem auf den ersten Blick guten

Verfügt eine Digitalkamera über spezielle Funktionen für Mehrfachbelichtungen, Schwarzweiß-Aufnahmen und ähnliches, sollte man sich vor der Anwendung überlegen, ob man das Resultat sofort benötigt (beispielsweise zum direkten Ausdrucken), oder ob die Herstellung nachträglich per Bildbearbeitung auf dem Computer erfolgen kann. Letzteres bietet die Möglichkeit, so lange zu experimentieren, bis das Resultat zufrieden stellt.

Bildeindruck und dem Vermeiden irreversibler Detailverluste darstellt. Nur wenige Kameras bieten die Möglichkeit, bei der Aufnahme den Schärfegrad festzulegen. Dann wählt man eine geringe Schärfung, um bessere Voraussetzungen für die Bildbearbeitung zu schaffen, oder eine stärkere Schärfung, wenn das Foto ohne Umweg über die Bildbearbeitung ausgedruckt, auf Papier belichtet oder ins Internet gestellt werden soll.

Motivbezogene Aufnahmefunktionen wie z.B. für Porträt, Landschaft, Nacht und Sport gibt es auch bei Digitalkameras. Blende und Belichtungszeit (eventuell auch Blitzeinsatz) werden im Rahmen des Möglichen automatisch für das jeweilige Motiv optimal eingestellt.

Das Bearbeiten und Optimieren von Aufnahmen ist nicht allein der Software auf dem Computer vorbehalten. Einige Digitalkameras besitzen Funktionen zur nachträglichen Korrektur von Kontrast, Helligkeit, Schärfe oder Farbe. Zur Beurteilung des Tonwertumfangs kann manchmal sogar ein Histogramm auf dem LCD-Monitor angezeigt werden. Alle diese Funktionen erlauben es, digitale Fotos ohne Umweg für die direkte Weiterverwendung aufzubereiten. Hat man die Wahl, ist die Bearbeitung auf dem Computer aufgrund der größeren Monitordarstellung und der Annullier-Möglichkeiten zu bevorzugen.

Das Motivprogramm »Nacht« stellt die Kamera so ein, dass nach Möglichkeit eindrucksvolle und technisch einwandfreie Bilder von nächtlichen Motiven entstehen. Manche Kameras lassen sich überhaupt nur mit dem Motivprogramm »Nacht« dazu bringen, mit Langzeiten zu belichten.

Stromversorgung: Akkus, Batterien, Netzteile

Der Stromverbrauch von Digitalkameras ist erheblich höher als man es zum Beispiel von Kleinbildkameras gewohnt ist. Bei Erst-Anwendern führt dies fast immer zu einer unangenehmen Überraschung, zudem oft auf die Anzeige »Batterie schwach« ziemlich rasch das totale Aus folgt. Exakte Angaben über die Lebensdauer eines Batteriesatzes lassen sich natürlich nicht machen. Daher findet man eher selten Hersteller-Angaben wie »etwa 75 Minuten mit LCD-Monitor« oder »ca. 250 Aufnahmen mit 50 % Blitz ohne LCD«. Der Energiehunger der Digitalkameras kommt nicht von ungefähr: Alle Funktionsabläufe vor und während der Aufnahme, das Abspeichern, die Bildwiedergabe, die menügesteuerte Kommunikation mit dem Benutzer, die Datenübertragung zum Computer – stets arbeiten viele elektronische Schaltkreise.

Digitalkameras sollten also mit wiederaufladbaren Batterien (Akkumulatoren, kurz Akkus) betrieben werden können, das schont die Geldbörse und die Umwelt. Für den stationären Betrieb ist die Versorgung aus der Steckdose sinnvoll. Beides ist bei den meisten Modellen gegeben: Ein Satz Akkus (oder Akkupack) samt Ladegerät gehört häufig zum Lieferumfang; das zur Kamera passende Netzteil muss oft zusätzlich erworben werden. In einigen Fällen sind Netzteil und Akkulader in einem Gerät vereint. Über so genannte Docking- oder Basis-Stationen für den stationären Betrieb von Digitalkameras ist ebenfalls die Stromversorgung und das Aufladen möglich.

Datum, Uhrzeit und individuelle Einstellungen können ohne eingelegte Batterien verloren gehen. In manchen Kameras wird dies von einer zusätzlich installierten Lithium-Knopfzelle verhindert. Die gespeicherten Bilder bleiben selbstverständlich ohne Batterien erhalten.

Batterie- und Akkutypen

Weit verbreitet ist die Stromversorgung durch zwei oder vier Mignonzellen (Größe AA). Praktisch daran ist, dass man in der Regel wahlweise Primärbatterien Alkali-Mangan oder Akkus der Typen NiCd und NiMH einsetzen kann, wie sie auch in anderen (Foto-)Geräten weit verbreitet sind. Manchmal wird diese Liste durch Lithium-Batterien in Mignon-

Ladegeräte und Akkus sind nicht nur von den Kameraherstellern erhältlich, sondern werden auch von Zubehörfirmen angeboten. Foto: Hama

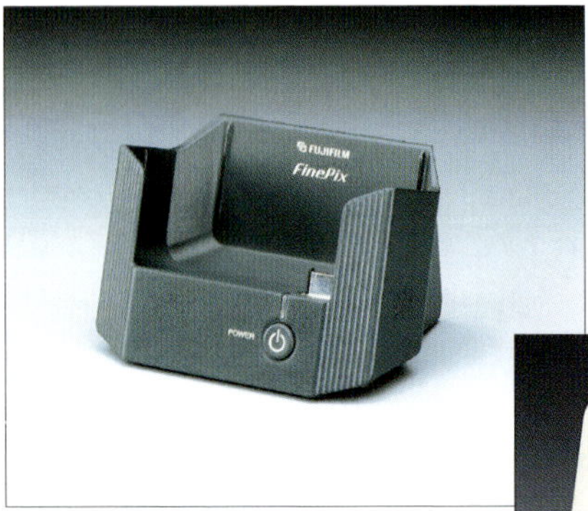

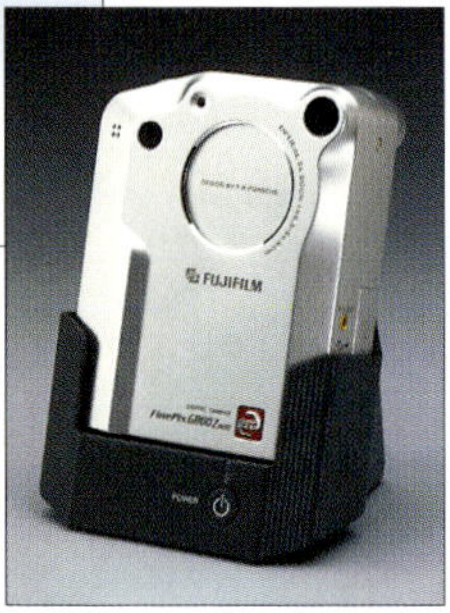

Die Docking-Station versorgt die FinePix 4800 bzw. 6800 Zoom mit Strom aus dem Netzteil und lädt den Akku in der Kamera. Gleichzeitig können die Aufnahmen zum Computer übertragen werden. Fotos: Fujifilm

größe ergänzt, wohingegen Zink-Kohle-Batterien generell nicht benutzt werden sollten. Auf jeden Fall sind die entsprechenden Angaben in der Kamera-Anleitung zu beachten.

Eine zunehmende Zahl an Digitalkameras wird mit Akkupacks in unterschiedlichen Ausführungen betrieben. Diese basieren überwiegend auf der Lithium-Ionen-Technologie, können aber auch aus NiCd- oder NiMH-Zellen aufgebaut sein. Zu Akkupacks gehören spezielle Ladegeräte. Teilweise können sie auch in der Kamera mit angeschlossenem Netzgerät geladen werden, was aber länger dauert. Die leistungsstarken Li-Ion-Akkus sind bezüglich ihrer elektrischen Eigenschaften nicht mit Alkali-Mangan-Batterien, NiMH-Akkus etc. austauschbar, daher besteht mit wenigen Ausnahmen keine Wahlfreiheit wie bei der Mignon-Lösung.

Zu erwähnen sind noch bekannte Lithium-Fotobatterien 3 Volt oder 6 Volt, die sich in einigen Digitalkameras alternativ zu Mignonzellen oder Akkupacks einsetzen lassen.

Ein Akku ist immer nur so gut wie das Ladegerät. Korrektes Aufladen und Anwenden werden durch ein langes Akkuleben belohnt. Bei vielen Digitalkameras wird ein Set aus Ladegerät und Akkus (meist NiMH-Mignonzellen) mitgeliefert. Für spezielle Akkupacks gehört der adäquate Lader zwangsläufig zum Packungsinhalt. Moderne Akkulader kontrollieren den Ladevorgang und schalten bei Vollladung automatisch ab oder gehen auf Erhaltungsladung. Für NiCd-Akkus ist darüberhinaus eine Entladefunktion zur Vorbeugung gegen den Memory-Effekt wichtig. Das Schnellladen von Akkus erfordert besondere Ladegeräte, deren Anschaffung eine Überlegung wert sein kann; reduzieren sich die Ladezeiten doch beispielsweise von zwölf auf drei Stunden.

Begriffe kurz erklärt

Primärzellen sind elektrische Energiespeicher, die man nur einmal entladen kann. Bei *Sekundärzellen* (Akkus) ist die chemische Reaktion umkehrbar (reversibel) – sie können einige hundert Mal wieder aufgeladen werden. Die *Nennkapazität* von Akkus wird in Milliampere-Stunden (mAh) angegeben. Rein theoretisch könnte man bei einer Kapazität von 1100 mAh zum Beispiel zehn Stunden lang 110 mA Strom entnehmen. In der Praxis dürfen Akkus aber gar nicht vollständig entladen werden, außerdem ist die Stromausbeute von der Belastungsart und Temperatur abhängig. Die Nennkapazität dient also vor allem als Vergleichswert.

Alkali-Mangan-Batterie 1,5 Volt

Die nicht wiederaufladbare Batterie (Primärzelle) wird in unzähligen Geräten eingesetzt und ist daher überall erhältlich. Für Digitalkameras und andere »anspruchsvolle« Stromverbraucher gibt es spezielle Hochleistungstypen, die eine längere Lebensdauer und hohe Stromstärken bieten. Der regelmäßige Einsatz von Primärbatterien in Digitalkameras ist unwirtschaftlich. Sie sind aber eine brauchbare Notbestückung.

Stromversorgung unterwegs

Werden Akkus zur Stromversorgung eingesetzt, mehrere Akkusätze bzw. Akkupacks mitführen, damit parallel zur Kamerabenutzung die anderen Akkus geladen werden können. Das Ladegerät darf man natürlich nicht vergessen, und es ist vor Reisen in andere Länder zu prüfen, ob es die dortige Netzspannung und -frequenz verträgt. Eventuell auch Reisestecker-Adapter für andere Steckdosen-Normen besorgen. Unabhängig vom Stromnetz arbeiten solarbetriebene Ladegeräte oder solche für den 12-Volt-Anschluss im Auto. Kann die Kamera alternativ mit Primärbatterien betrieben werden, führt man solche für den Notfall immer mit.

Lithium-Ionen-Akku

Die Li-Ion-Technologie besitzt neben weiteren positiven Eigenschaften die höchste Energiedichte bezogen auf Gewicht und Volumen und ist damit ideal für Digitalkameras, Camcorder etc. Die höheren Kosten erklären sich durch die recht aufwendige Regelungstechnik für das Aufladen und den Gebrauch. Dafür ist die Anwendung der Li-Ion-Akkupacks (Bild rechts) für den Benutzer umso problemloser.

Nickel-Metallhydrid-Akku 1,2 Volt (NiMH)

Dieser Zellentyp ist dabei, die NiCd-Akkus in vielen Bereichen abzulösen. Für die etwas teureren NiMH-Akkus sprechen die größere Speicherfähigkeit (höhere Kapazität), geringere Umweltbelastung und das Fehlen des Memory-Effekts. Empfindlich reagiert dieser Akku-Typ allerdings auf das Überladen, das sich mit einem »intelligenten« Ladegerät vermeiden lässt. Ein nützlicher Hinweis: Gerade bei neuen, wenig gebrauchten NiMH-Akkus kann das Phänomen auftreten, dass sich ein Ladegerät deutlich vor Erreichen der für eine Vollladung angegebenen Zeit abschaltet, obwohl die Akkus erschöpft waren. Dann startet man den Ladevorgang nach einer kurzen Pause erneut, um das Speichervermögen der Akkus komplett zu nutzen.

Nickel-Cadmium-Akku 1,2 Volt (NiCd, auch kurz NC)

Dieser preiswerte Akku-Typ war vor der Einführung des NiMH-Pendants der Standard schlechthin. Von Vorteil sind die guten Hochstrom- und Kälte-Eigenschaften. Nachteilig ist der Memory-Effekt, der das Speichervermögen beträchtlich verringern kann, wenn der Akku vor dem Aufladen nicht ausreichend entladen war. Schwächen sind weiterhin der Cadmium-Gehalt und die vergleichsweise geringen Kapazitäten (für Digitalkameras die NC-Hochkapazitäts-Versionen mit mehr als 1000 mAh bevorzugen!).

Externe Akkupacks

Für besonders ausdauernde Digitalfotografen bieten Zubehörfirmen externe Akkupacks an, die sich über Kabel an bestimmte Kameramodelle anschließen lassen. Manche Ausführungen kann man unterhalb der Kamera am Stativgewinde befestigen.

Ein Beispiel ist der Ansmann Digi Cam Power Pack mit den Daten 4,8 Volt und 3000 mAh. Er lässt sich im Prinzip bei jeder Kamera einsetzen, die mit vier Mignon-Akkus arbeitet und von einem externen Netzteil versorgt werden kann. Der NiMH-Akkupack befindet sich in einer mit Gürtelclip versehenen Tasche und wird über ein Kabel mit dem Netzteil-Anschluss der Kamera verbunden. Adapter für verschiedene Kamerahersteller (auch Fujifilm) sind verfügbar. Die Power Packs gibt es in Sets mit unterschiedlichen Ladegeräten bzw. Auto-Adapter. Auch Kameras mit Lithium-Ionen-Akku lassen sich unter Umständen mit dem Akkupack betreiben, sofern die Daten des Netzteil-Eingangs zum Power Pack passen.

Der Ansmann Digi Cam Power Pack versorgt die Kamera über den Netzteilanschluss mit Strom. Foto: Ansmann

Stromverbrauch niedrig halten

Einen großen Anteil am Energiebedarf einer Digitalkamera hat der eingebaute LCD-Monitor. Man sollte ihn also nicht unnötig eingeschaltet lassen. Es gibt meist umfangreiche Stromsparfunktionen, mit denen man festlegen kann, nach welcher Zeit sich der Monitor bzw. die ganze Kamera automatisch abschaltet. Der Benutzer sollte sich die Mühe machen, die verschiedenen Einstellungen kennenzulernen und der jeweiligen Kamera-Anwendung anzupassen. Das vollständige automatische Abschalten der Kamera hat allerdings den Nachteil, dass in Schnappschuss-Situationen oft erst nach Sekunden Aufnahmebereitschaft besteht.

So kann man außerdem die Betriebsdauer erhöhen: Für die Kontrolle des Bildausschnitts beim Aufnehmen anstelle des LCD-Monitors den meistens vorhandenen optischen Sucher benutzen. Das eingebaute Blitzgerät nur dann einsetzen, wenn es wirklich nötig ist. Aufgrund der hohen Lichtempfindlichkeit kommt eine Digitalkamera häufig mit dem vorhandenen oder zusätzlichem Dauerlicht aus. Lassen sich externe Blitzgeräte anschließen, sind diese allein schon wegen der eigenen Stromquelle zu bevorzugen. Beim Fotografieren zielgerecht

Die Leistungsfähigkeit von Akkus und Batterien nimmt bei Kälte erheblich ab. Das spielt jedoch bei Digitalkameras eine eher untergeordnete Rolle, weil die meisten Kameras (besser gesagt ihre Elektronik) ohnehin bei Temperaturen unter dem Gefrierpunkt nicht sicher funktionieren. Es empfiehlt sich, die Kamera warm zu halten und vor raschem Temperaturwechsel (Kondenswasser!) zu schützen.

vorgehen und das »Herumspielen« – zum Beispiel an der motorischen Zoomverstellung – vermeiden. In der Nähe einer Netzsteckdose ist bei längerem Betrieb möglichst ein Netzteil zu verwenden. Dies bietet sich bei der Bildwiedergabe, beim Probieren, Konfigurieren und ganz besonders bei der Datenübertragung zum Computer an.

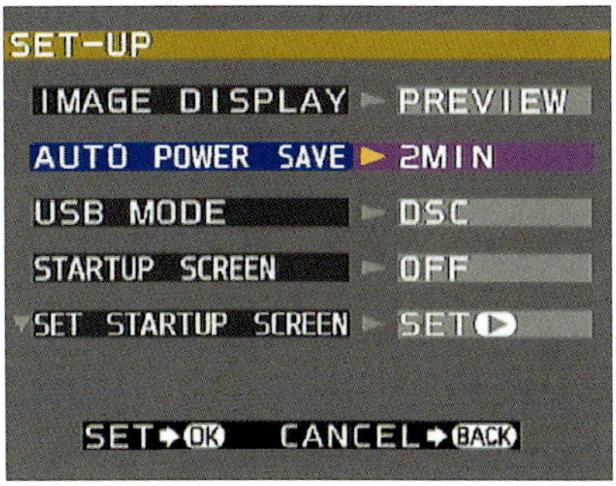

Bei vielen Kameras kann man einstellen, nach welcher Zeit der Nichtbetätigung sie »einschlafen« darf oder ob sie ständig eingeschaltet bleiben soll.

Tipps zur Stromversorgung

- ❑ Die Selbstentladung von Akkus führt dazu, dass nach einigen Wochen auch bei Nichtgebrauch nur noch wenig Energie gespeichert ist. Deshalb rechtzeitig vor dem geplanten Einsatz der Digitalkamera an das Aufladen der Akkus denken.
- ❑ Akkus, die längere Zeit nicht benötigt werden, pflegehalber ein oder zweimal im Jahr aufladen.
- ❑ Vor dem Einlegen und Entnehmen von Batterien/Akkus sowie vor dem Anschließen oder Trennen eines Netzteils immer die Kamera ausschalten, um Funktionsstörungen oder Datenverlust zu vermeiden.
- ❑ Primärbatterien, die für den Betrieb einer Digitalkamera zu schwach sind, können oft in anderen, weniger strombedürftigen Geräten weiterbenutzt werden.

Zubehör zur Digitalkamera

Im Lieferumfang einer Digitalkamera ist schon einiges an »Standardzubehör« enthalten – Speicherkarte, Adapterkabel für die serielle Datenübertragung, Videokabel, Software, Batterien bzw. Akkupacks gehören in der Regel dazu. Ladegeräte und externe Netzteile werden teilweise optional angeboten. Darüber hinaus gibt es von den Herstellern und Zubehöranbietern viele nützliche Helfer, die den Anwendungsbereich einer Digitalkamera erweitern oder die Handhabung verbessern. Dieses Zubehör ist entweder speziell für Digitalkameras konzipiert (oft nur für bestimmte Modelle) oder aus dem großen Fundus an allgemeinem Fotozubehör entlehnt. Manche Artikel sind leider recht kostspielig – falls Alternativen existieren, lohnt ein Preisvergleich. Vor dem Kauf sollte man sicherstellen, dass die Kompatibilität zur Kamera gegeben ist. Viele Dinge lassen sich auch direkt beim Händler ausprobieren.

Der als Zubehör erhältliche Weitwinkelvorsatz verkürzt die Brennweite der Finepix 4900 Zoom um Faktor 0,79x. Foto: Fujifilm

Bestimmte Zubehörkategorien werden in den entsprechenden Kapiteln dieses Buches behandelt. Dazu zählen Speichermedien (siehe S. 83), Ladegeräte und Netzteile (siehe S. 51), Adapter und Lesegeräte für Speicherkarten (siehe S. 96), Blitzgeräte (siehe S. 45 u. 68) und Farbdrucker (siehe S. 109).

Optische Vorsätze für Weitwinkel, Tele und Nah

Objektivvorsätze gibt es vom Kamerahersteller und von Zubehörfirmen. Sie werden ins Frontgewinde (Filtergewinde) des Objektivs oder eines Adapters geschraubt. Manchmal ist ein Reduzieradapter nötig, um zu große Vorsätze an kleinere Objektivanschlüsse anzupassen. Fehlt an einer Digitalkamera das Frontgewinde ganz, können möglicherweise Vorsätze und Filter mit Aufsteckfassungen verwendet werden. Vorsicht, wenn ein Objektiv beim (automatischen) Abschalten der Kamera in das Gehäuse zurückfährt!

Konverter sind optische Vorsätze, die die Objektivbrennweite verkürzen oder verlängern, wobei sich normalerweise die Lichtstärke (Blende) nicht verändert. Die Vorsätze müssen optisch kompatibel sein, sonst können Eckenverschattungen (Vignettierungen) auftreten, oder die Bildqualität ist nicht gut. Oft ist das der Fall mit ungeeigneten Videokamera-Vorsätzen an digitalen Fotokameras.

Wenn das Objektiv in Weitwinkelstellung (bei kürzester Brennweite) einen zu kleinen Motivausschnitt erfasst, der Bildwinkel also zu eng ist, wird ein Weitwinkelvorsatz benötigt. Solche Konverter gibt es zum Beispiel von Fujifilm mit Brennweitenfaktor 0,79fach (aus 35 mm Vergleichsbrennweite wird dann 28 mm). Ist die Telewirkung zu schwach, die Brennweite zu kurz, hilft ein Televorsatz. Die meisten Telekonverter verlängern die Brennweite um Faktor 1,5 x bis 2 x, und das ohne nennenswerten Verlust an Bild-

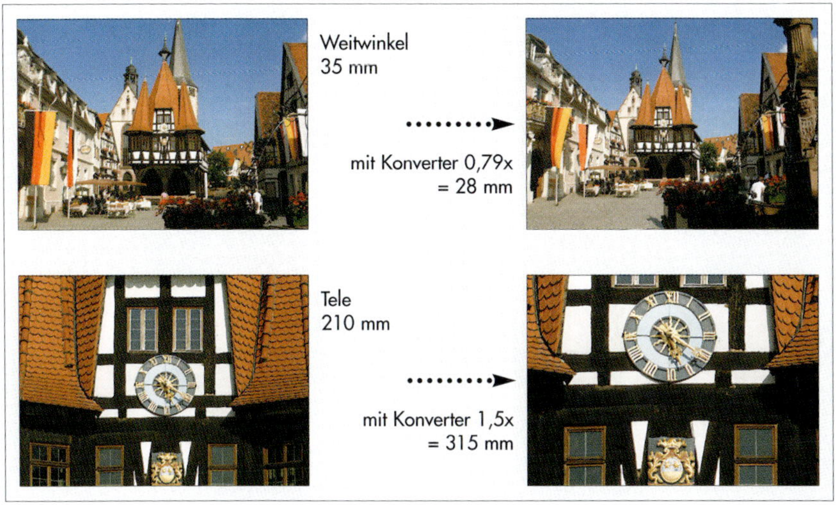

qualität. Zum Vergleich: Ein zweifacher Digital-Zoom oder ein entsprechender Ausschnitt beim Nachbearbeiten nutzt von vorhandenen 3,2 Millionen Pixel nur 0,8 Millionen!

Nahlinsen, auch Makro-Konverter genannt, erlauben kürzere Aufnahmedistanzen und größere Objektabbildungen. Es gibt solche Linsen in verschiedenen Stärken – je höher der Dioptrienwert, umso näher kann man ans Objekt herangehen. Im Prinzip kann jede Nahlinse auch an Digitalkameras verwendet werden, vorausgesetzt sie lässt sich montieren bzw. adaptieren und ihr Durchmesser ist groß genug. Die beste Abbildungsqualität wird mit mehrlinsigen Nahvorsätzen (Achromaten) erzielt.

Der größte freie Abstand zwischen Nahlinse und Objekt in »cm« errechnet sich generell aus 100/Dioptrienzahl, z.B. kann man mit +7 Dioptrien aus Abständen von 14 cm und weniger fotografieren. Welches Objektfeld dabei mit welchem Abbildungsmaßstab erfasst wird, hängt von den Objektivdaten und dem Aufnahmeformat auf dem Bildsensor ab. Oft erhält man mit Nahlinsen eine gleichgroße Abbildung aus deutlich größerem Abstand als mit dem Objektiv allein. Dies erleichtert die Beleuchtung und beugt der Fluchtneigung kleiner Tiere vor. Nahlinsen mit niedrigen Dioptrienwerten, wie sie auf Kleinbildkameras verwendet werden, haben auf Digitalkameras wenig Wirkung.

Filter und Gegenlichtblenden

Experimentieren darf man mit jedem Filter – und sich über (oft unerwartete) Effekte freuen oder wundern. Was aber macht Sinn und führt zu kontrollierbaren Resultaten?

Konversionsfilter zur Umstimmung von Kunstlicht auf Tageslicht oder Skylightfilter für die wärmere Wiedergabe von Schattenpartien sind nicht nur entbehrlich, sondern können im Zusammenwirken mit dem Weißabgleich sogar Unheil anrichten. Der Weißabgleich der Digitalkamera berücksichtigt solche Einflüsse, und notfalls kann man nachträglich korrigieren.

UV-Sperrfilter und schwache Skylightfilter bewähren sich vor allem als Schutzgläser. Bei Kameras ohne ausreichende Infrarotsperrung können rotviolette Farbstiche auftreten, die sich mit einem speziellen Infrarot-Sperrfilter verhindern lassen. Kombinierte UV- und IR-Sperrfilter halten die qualitätsmindernde Strahlung beider Grenzbereiche des sichtbaren Spektrums ab und sorgen u.a. für bessere Farbwiedergabe, mehr Durchzeichnung in den Schattenpartien und höhere Farbsättigung.

Filter-Experiment: Echte Schwarzweiß-Infrarot-Aufnahmen sind wegen der in die Kameras eingebauten IR-Sperrfilter normalerweise nicht möglich. Mit sehr dunklem Rotfilter und entsprechender Nachbearbeitung lassen sich aber ähnliche Effekte erzielen.

Neutralgraufilter (ND-Filter) nehmen einfach nur Licht weg und man kann damit längere Belichtungszeiten oder größere Blendenöffnungen erzwingen, um absichtliche Bewegungsunschärfen oder wenig Schärfentiefe auch bei gutem Licht zu realisieren. Wenn es keine andere Möglichkeit gibt, helfen Graufilter auch gegen das Überblitzen im Nahbereich (S. 70).

Interessant sind Grauverlauffilter, mit denen sich Helligkeitsunterschiede reduzieren lassen, die sonst den Dynamikumfang (Belichtungsspielraum) des CCD-Sensors übersteigen. Dreht man z.B. den dunklen Filterteil nach oben, wird das Ausfressen der hellen Himmelspartie vermieden.

Auf **Farbfilter** für monochrome Aufnahmen – Gelb-, Grün-, Orange- oder Rotfilter für die Schwarzweißfotografie – kann man verzichten, weil sich deren Effekte annähernd digital nachbilden lassen (vorausgesetzt man hat Farbbilder aufgenommen). Dafür werden sogar spezielle Programme wie nik Color Efex! angeboten. Wer Farbfilter besitzt, sollte trotzdem damit experimentieren – es kann sich lohnen. So lassen sich mit sehr dunklen Rotfiltern Bilder machen, die nach Graustufen-Umwandlung und entsprechender Bearbeitung ähnlich aussehen wie Schwarzweiß-Infrarot-Fotos (lebendes Grün erscheint z.B. sehr hell). Ob es überhaupt funktioniert, wie dunkel das Filter sein darf und wie intensiv die Effekte ausfallen, hängt von der Kamera ab. Mit tiefroten IR-Filtern (700 nm) sind die Chancen am besten, zu schönen Infrarot-Effekten zu kommen, ohne ewig lang belichten zu müssen. Für IR-Landschaftsaufnahmen mit der FinePix 4900 Zoom war z.B. Blende 2,8 und 1/4 s angesagt.

Die üblichen **Trick- und Effektlinsen** eignen sich schon aus optischen Gründen kaum für Digitalkameras, weil sie auf Objektive mit erheblich längeren Brennweiten und größeren Öffnungen abgestimmt sind. Außerdem kann man solche Effekte viel besser auf dem Computer erzeugen. Einige wenige Effekte (z.B. die von Spektral-Effektfiltern) lassen sich allerdings nicht oder nur unvollkommen digital nachbilden. Wichtig: Bei der Aufnahme erzeugte Effekte lassen sich nicht mehr beseitigen oder ändern!

Für das **Polarisationsfilter** gibt es *keinen* Ersatz per Bildbearbeitung. Es unterdrückt Reflexe auf spiegelnden oder glänzenden Oberflächen und sorgt für höhere Farbsättigung; auch das Himmelsblau lässt sich intensivieren. Man muss das Polfilter drehen, bis die gewünschte Wirkung zu sehen ist. Das geht gut im Spiegelreflexsucher, aber auch im EVF-Sucher und auf dem LCD-Monitor. Sonst dreht man das Polfilter vor dem Auge, merkt sich die beste Stellung und überträgt diese auf das vor dem Objektiv montierte Filter. Auf Digitalkameras sollen grundsätzlich nur Zirkular-Polfilter verwendet werden.

Gegenlichtblenden bewirken einen besseren Seitenlichtschutz, helfen Kontrastverluste und Reflexbildungen im Objektiv zu vermeiden, die sich nachträglich – wenn überhaupt – nur mühsam retuschieren lassen. Dieses Zubehör hat trotz seines Namens wenig mit Gegenlicht zu tun; es ist bei jedweder Beleuchtung wirksam. Bei Aufnahmen mit dem eingebauten Blitzgerät lässt man die Gegenlichtblende weg, denn sie kann das Blitzlicht verschatten.

Es ist wichtig, dass die Gegenlichtblende zur Kamera passt. Wenn sie zu klein oder zu weit ist, hat sie wenig Wirkung. Ist sie aber zu eng oder zu lang, verursacht sie Eckenverschattungen (besonders in Weitwinkelstellung). Zubehörfirmen helfen aus, wenn es vom Kamerahersteller keine Gegenlichtblende gibt.

Mit einem Polfilter kann das Himmelsblau satt bis tintig erscheinen. Am dunkelsten wird es, wenn die Aufnahmerichtung unter 90° zur Sonneneinstrahlrichtung, die Sonne also im Rücken steht.

Die mitgelieferte Tasche sollte beim Transport der Kamera stets benutzt werden, alleine schon um Kratzer z.B. auf dem LCD-Monitor zu vermeiden.

Kamera-Taschen

Für den Schutz der Digitalkamera gegen Stöße und Kratzer, Schmutz und Witterung gibt es von den meisten Herstellern und vielen Zubehörspezialisten ein großes Angebot an Kamerataschen. Bei der Auswahl ist einiges zu bedenken: Eine Polsterung ist wichtig, damit die Kamera auch wirklich vor mechanischen Einflüssen geschützt ist. Gegen Wetterunbilden hilft wasserundurchlässiges Material. Das Ein- und Auspacken sollte ohne Verkratzungsgefahr für Gehäuse und LCD-Monitor möglich sein. Manche Taschen lassen sich sowohl umhängen als auch am Gürtel befestigen. Soll Zubehör in der Tasche mitgeführt werden? Nützlich sind passende Fächer für Speicherkarten und Ersatzbatterien bzw. Akkus. Für die separate Aufbewahrung von Speicherkarten gibt es ebenfalls diverse Etuis und Kästchen.

Schutz gegen Wasser und Staub

Auch mit Digitalkameras kann man am und im Wasser fotografieren. Wasserdichte Modelle gibt es zur Zeit nicht, selbst spritzwassergeschützte Kameras sind die Ausnahme. Eine Vielzahl von Digitalkameras kann jedoch durch transparente Weichplastikgehäuse (von Ewamarine, Aquapaq) gegen den schädlichen Einfluss von Sand, Staub und Wasser immun gemacht werden. Diese Behälter eignen sich sogar für Unterwasseraufnahmen, teilweise bis 30 m Tauchtiefe. Nicht vergessen sollte man, dass es auch abseits vom Wasser Anwendungen für solches Zubehör gibt – sei es auf einer staubigen Baustelle oder in rauer Industrie-Umgebung. Für bestimmte Kameratypen werden auch formstabile Kunststoff- oder Metallgehäuse angeboten. Vor allem letztere sind – auch preislich gesehen – für Unterwasser-Profis gedacht.

Stative

Ob Aufnahmen mit langen Tele-Brennweiten, großen Abbildungsmaßstäben (Nahaufnahmen) oder langen Belichtungszeiten – um Verwacklungsunschärfen zu vermeiden, sollte die Kamera stabil aufgestellt sein, am besten und sichersten auf einem Stativ. Die Montage auf dem Stativ empfiehlt sich gleichfalls für Selbstauslöser-Aufnahmen. Erfreulicherweise scheint das Stativgewinde bei Digitalkameras zur Regelausstattung zu gehören, so dass die ganze Palette vom üblichen Dreibeinstativ oder kompakten Tischstativ über Baum-, Einbein- und Auto-Stativ bis zum Reproständer Anwendung finden kann.

Aus fototechnischer Sicht kann ein Stativ eigentlich nicht solide und schwer genug sein. Natürlich spielen Transportfähigkeit, Einsatzzweck und Preis genauso eine Rolle. Wer mit seiner Digitalkamera zusammengesetzte Panoramen bis hin zu Rundumsichten erzeugen möchte, verfügt mit Panorama-Stativköpfen über beste Voraussetzungen (mehr zum Thema

Für Aufnahmen mit extremen Telebrennweiten oder langen Belichtungszeiten soll die Kamera auf einem möglichst stabilen Stativ montiert sein. Fotostative gibt es für unterschiedlichste Zwecke.

Panorama auf Seite 73). Beim Auslösen verwacklungskritischer Fotos ist es wichtig, dass die Kamera nicht bewegt wird oder ins Schwingen gerät. Die dafür eigentlich nötige Fernauslösung gibt es leider nur selten. Wenn es nicht auf den Auslösezeitpunkt ankommt, kann ersatzweise der Selbstauslöser benutzt werden.

Mit Digitalkameras fotografieren

Digitalkameras gleichen in Aufbau und Funktion grundsätzlich den bekannten Kameras für Aufnahmen auf Film. Der entscheidende Unterschied: An der Stelle des lichtempfindlichen Silberhalogenid-Films befindet sich ein lichtempfindliches elektronisches Bauteil, ein CCD-Bildsensor (**C**harge **C**oupled **D**evice) oder auch ein CMOS-Bildsensor. Diese Halbleiterelemente wandeln das auftreffende Licht in elektrische Signale um, die von der Helligkeit (und Farbe) abhängig sind. Fotografisch wirken sich vor allem die winzigen Bildformate und die daraus resultierenden sehr kurzen Objektivbrennweiten aus.

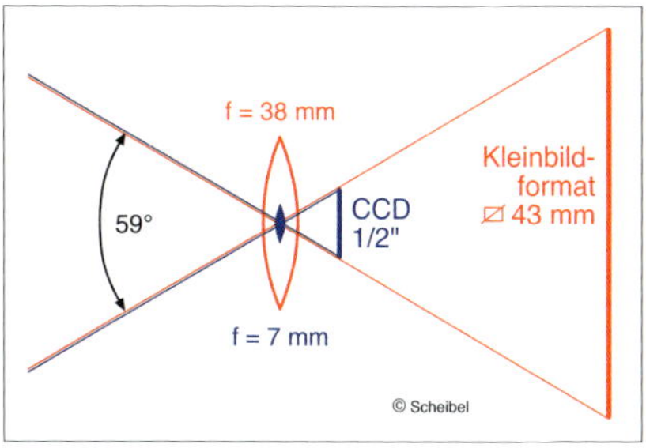

Die Grafik zeigt, wie die beiden gängigen Festbrennweiten 38 mm (bei Kleinbild) und 7 mm (mit einem CCD 1/2") den gleichen diagonalen Bildwinkel erzeugen.

Brennweiten und Bildwinkel

Als **Standard-Brennweite** gilt die Länge der Formatdiagonalen, wobei man in Kompakt- und Digitalkameras eher zu etwas kürzeren Brennweiten tendiert. Das weitverbreitete Kleinbildformat auf dem 35 mm-Film ist bekanntlich 24 x 36 mm groß, das H-Format des APS-Fotosystems misst 16,7 x 30,2 mm, und am kleinsten ist das Disc-Format mit 8 x 10,5 mm (ähnlich dem Minox-Format 8 x 11 mm). Wie groß die Aufnahmeformate auf den Bildsensoren sind, legen die Konstrukteure für jedes Digitalkamera-Modell individuell fest, doch kann man nach unseren Recherchen von der Sensorgröße in inch (" oder Zoll) etwa auf die in der Tabelle

Maßstäblicher Vergleich wichtiger Aufnahme-Formate der analogen und digitalen Fotografie.

Unsere Darstellung verdeutlicht die immensen Unterschiede zwischen den Kleinbild- und APS-Filmformaten und den Bildgrößen auf den Sensoren der üblichen Digitalkameras. Viele digitale SLR-Kameras mit Wechseloptik haben Aufnahmeflächen in Halbformatgröße, einige mit Vollformat.

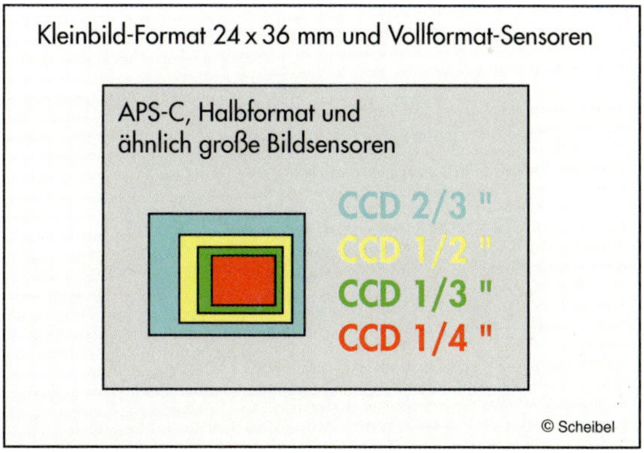

angegebenen Aufnahmeformate schließen.

Das größte Digitalformat ist also noch deutlich kleiner als das kleinste populäre Filmformat. Und während in Disc-Kameras Objektive mit 12,5 mm Brennweite eingebaut sind, dominieren bei 1/2"-Digitalkameras durchschnittlich 7 mm Brennweite. Die sehr kleinen Aufnahmeformate und die superkurzen Brennweiten haben erhebliche Konsequenzen für den Zusammenhang zwischen Brennweite und Bildwinkel, vor allem aber auch für Schärfentiefe und Beugungsunschärfe.

Bildsensor-Größe, Aufnahmeformat und Brennweitenfaktor

Chipgröße (Nennwert)	Bildformat auf Sensor	Format-Diagonale	Brennweitenfaktor zum KB-Format
1/4"	3,6 x 2,7 mm	4,5 mm	9,6x
1/3"	4,8 x 3,6 mm	6,0 mm	7,2x
1/2,7"	5,3 x 3,9 mm	6,6 mm	6,6x
1/2"	6,4 x 4,8 mm	8,0 mm	5,4x
1/1,8"	7,0 x 5,3 mm	8,8 mm	4,9x
2/3"	8,8 x 6,6 mm	11,0 mm	3,9x
Halbformat	um 23 x 16 mm	um 28 mm	um 1,5x
Vollformat	36 x 24 mm	43,4 mm	1,0x
Filmformate zum Vergleich:			
Kleinbildfilm	36 x 24 mm	43,3 mm	1,0x
APS-Film H	30 x 17mm	34,5 mm	1,25x
Minox / Disc	11 x 8 mm	13,6 mm	3,2x
Super-8-Kinofilm	5,7 x 4,1 mm	7,0 mm	6,2x

Bei den Sensor-Bildformaten ist es (im Gegensatz zur Fotografie auf Film) üblich, die längere Kante zuerst zu nennen.

Der **Bildwinkel** ist von Objektivbrennweite und Aufnahmeformat abhängig. Optiker geben ihn stets über die Formatdiagonale an. In den Daten zu Digitalkameras sind Bildwinkelwerte eher selten vertreten, man beschränkt sich meistens auf Brennweitenreferenzwerte zum Kleinbildformat (Stichwort äquivalent oder kurz Equiv), wie sie sich auch aus den Faktoren unserer Tabelle errechnen lassen. Und so werden bei einer Kamera mit 1/2"-CCD aus dem tatsächlichen Brennweitenbereich 6,5-19,5 mm die KB-Referenzwerte 35-105 mm. Man denkt halt, dass sich die meisten Benutzer etwas unter »Kleinbild-Brennweiten« vorstellen können – was sicher auch so ist. Die Referenzwerte sind oft auf gängige KB-Brennweitenwerte gerundet. Übrigens liegen die (Diagonal-)Bildwinkel im eben genannten Beispiel sowohl bei der Digitalkamera als auch beim Kleinbildformat zwischen 63° und 23°.

Schärfe und Schärfentiefe

Wenn ein Bild verwackelt wird oder die Schärfe nicht richtig eingestellt ist, nutzt das beste Objektiv nichts. Belichtungszeit und Blende sind nicht nur wichtig für die richtige Belichtung, sondern haben auch einen entscheidenden Einfluss auf die Schärfe im Bild.

Verwacklungs- und Bewegungsunschärfen

Eine häufige Ursache für unbefriedigende Schärfe ist das Verwackeln, das sich nicht nur mit den bekannten Doppelkonturen, sondern meistens durch schlechte Allgemeinschärfe bemerkbar macht. Man muss die Kamera während der Belichtung so ruhig wie möglich halten. Wegen der hohen Lichtstärken und großen Blenden belichten Digitalkameras mit recht kurzen Belichtungszeiten, was die Verwacklungsgefahr verringert (mit Blende 2,8 ergeben sich tagsüber im Freien kürzere Belichtungszeiten als etwa 1/250 s). Andererseits können Digitalkameras die Verwacklungsgefahr durch die relativ langsame Reaktion auf das Auslöserdrücken erhöhen. Deshalb ist ganz wichtig: den Auslöser gedrückt halten und die Kamera nicht bewegen, bis das Bild belichtet ist.

die Verwacklungsgefahr. Manche Kameras sind zur Vermeidung von Verwacklungsunschärfen mit automatischer Bildstabilisierung ausgerüstet.

Sportmotive und andere Objekte in schneller Bewegung werden oft nicht scharf abgebildet, weil die Belichtungszeit nicht kurz genug ist. Bei vielen Kameras hat man keinen direkten Zugriff auf die Belichtungszeit. Was man tun kann, um möglichst kurze Zeiten zu erhalten:

Für die ausreichend scharfe Abbildung schneller Bewegungen sind möglichst kurze Belichtungszeiten erforderlich. Man erreicht sie je nach Kamera-Ausstattung durch Vorwahl der größten Blende (z.B. 2,8) oder der kürzestmöglichen Belichtungszeit. Falls vorhanden, kann man auch ein Sport-/Action-Programm benutzen. Bei weniger gutem Licht empfiehlt sich die Wahl eines höheren ISO-Werts.

Erfahrene Praktiker stützen die Kamera am Gesicht ab, was aber nur mit einem optischen Sucher oder einem LCD-Sucher mit Okulareinblick (EVF) geht. Wer die Kamera freihändig vors Gesicht hält, um den LCD-Monitor betrachten zu können, darf sich nicht über Verwacklungsunschärfen wundern. Sind Monitor oder Objektivteil drehbar, kann man die Kamera am Körper abstützen und von oben auf den Monitor blicken.

Bei schlechtem Licht steuert die Kamera längere Belichtungszeiten und die Bilder werden eher verwackelt. Abhilfen: Nach Möglichkeit Blitzlicht benutzen oder die Lichtempfindlichkeit (ISO) höher stellen. Auch lange Brennweiten (Tele) vergrößern

Wenn es eine Blendeneinstellung gibt, die Blende voll öffnen (kleinste Zahl wie z.B. 2,8 wählen) – und/oder den höchsten ISO-Wert einstellen – oder ein Motivprogramm für »Sport/Action« benutzen.

Schärfentiefe und Beugungsunschärfe

In so genannten Sachaufnahmen, wie sie z.B. für Gutachten benötigt werden, soll das Objekt über seine gesamte Tiefenausdehnung scharf sein. Grundsätzlich werden aber nur die Motivpartien hundertprozentig scharf abgebildet, die sich genau in der Schärfenebene befinden. Vor und hinter der Einstellebene fällt die

Tipps für bessere Bildqualität:

- ❑ Mit dem Autofokus-Messfeld auf die wichtigste Objektpartie zielen, damit diese in bester Schärfe abgebildet wird. Das gilt vor allem für Telefotos. Liegt das Hauptobjekt nicht in der Bildmitte, die Schärfe speichern und den Bildausschnitt neu ausrichten.
- ❑ Formatfüllend fotografieren und keine wertvollen Pixel verschenken! Ist das Hauptobjekt zu klein abgebildet, muss man später Rand wegschneiden, und von 3,3 Millionen Pixel bleiben vielleicht gerade noch 1,4 Millionen Bildpunkte übrig. Übrigens zeigen Sucher und LCD-Monitore immer etwas weniger, als nachher auf dem Bild zu sehen ist.
- ❑ Digital-Zoom erst verwenden, wenn das Zoomobjektiv schon am Tele-Anschlag steht.
- ❑ Solange wie möglich mit niedrigster Lichtempfindlichkeit (kleinster ISO-Zahl) fotografieren. Automatische ISO-Einstellungen machen das meistens selbsttätig so.
- ❑ Nicht auf die Nachbearbeitung verlassen! Wer sich beim Fotografieren Mühe gibt, wird mit besseren Bildern belohnt und spart zeitraubende nachträgliche Korrekturen. Mancher Mangel lässt sich zudem nicht oder nur unvollkommen nachträglich beseitigen.

Formatfüllendes Aufnehmen ist gerade in der digitalen Fotografie besonders wichtig. Auf den ersten Blick scheint der nachträgliche Beschnitt im Bild (oben) ziemlich bedeutungslos zu sein. Aber er reduziert die Bildgröße (Auflösung) von 1,36 Mio. auf 966.000 Pixel, das sind knapp 30 Prozent weniger Bildpunkte.

Schärfe allmählich ab. In der Praxis toleriert man eine ganz leichte Unschärfe, lässt einen bestimmten Streukreis zu. Auf diese Weise ergibt sich eine Entfernungszone, innerhalb der die Schärfe durchschnittlichen Ansprüchen genügt. Diese Entfernungszone nennt man Schärfentiefebereich oder kurz Schärfentiefe.

Bedingt durch die winzigen Aufnahmeformate und die kurzen Objektivbrennweiten ist die Schärfentiefe bei Digitalkameras enorm groß, wie folgender Vergleich für Blende 2,8 verdeutlicht:

- Digitalkamera mit 1/2"-CCD und 7 mm Brennweite = 90 cm bis Unendlich
- Kleinbildkamera mit 38 mm Objektivbrennweite = 8 m bis Unendlich

Vorstehende Werte gelten für hohe Bildqualität. Werden die digitalen Aufnahmen nur für Monitor-Wiedergabe oder für Web bzw. E-Mail benötigt, ergibt sich unter sonst gleichen Bedingungen Schärfentiefe von ungefähr 45 cm bis Unendlich. Einfachere Kameras haben oft keine Entfernungseinstellung (keinen Autofokus), vielmehr ist das Objektiv auf Schärfentiefe von Nah bis Unendlich fest eingestellt (Fixfokus-Einstellung).

Der Schärfentiefebereich ist größer bei ...

- ◆ kürzerer Objektivbrennweite und kleinerem Aufnahmeformat
- ◆ kleinerer Blendenöffnung (mit größerer Blendenzahl)
- ◆ größerem Aufnahme-Abstand (im Fernbereich)

... und umgekehrt.

Selbst mit **Telebrennweiten** ist der Schärfentiefebereich bei Digitalkameras ziemlich groß, beispielsweise geht er mit 19,5 mm Brennweite (KB-Referenzwert 105 mm), 1/2"-CCD und Blende 4 von 4,7 m bis Unendlich (bei Monitorqualität ab 2,4 m). Es ist also selten nötig, wegen der Schärfentiefe eine kleinere Blende einzustellen. Im Gegenteil: Im Normalbereich fällt es schwer und gelingt nur mit relativ langen Brennweiten, ein Objekt (z.B. ein Porträt) so vor einem absichtlich total unscharfen Hintergrund zu fotografieren, dass es sich plastisch abhebt.

Die im allgemeinen große Schärfentiefe der Digitalkameras ist manchmal störend. Wenn sich das Hauptobjekt nicht genügend vom Hintergrund abhebt, kann man per Bildbearbeitung das Umfeld auswählen und separat weichzeichnen.

Im **Nahbereich** allerdings macht sich auch mit Digitalkameras eine begrenzte Schärfentiefe bemerkbar, die zum Beispiel mit 1/2"-CCD, 7 mm Brennweite und Blende 2,8 von 26 bis 36 cm reicht (bei Monitorqualität von 23 bis 44 cm). Noch kleiner werden die Schärfentiefebereiche bei extremen Nahaufnahmen im so genannten Makrobereich. Unter sonst gleichen Voraussetzungen ist bei 6 cm Abstand der Schärfentiefebereich um die 3 cm klein.

Alle angegebenen Schärfentiefebereiche dienen nur Vergleichszwecken. Die praktischen Resultate können etwas anders aussehen, schon deshalb, weil besonders im Nah- und Makrobereich die wirksame Brennweite meistens erheblich vom eingestellten Wert abweicht.

Es gibt einen sehr wichtigen Grund, am besten gar nicht oder nur wenig abzublenden. Wenn der Bildsensor um 1/2" groß ist, tritt nämlich bereits ab etwa Blende 4 (also höheren Blendenwerten als 4) zunehmend die so genannte **Beugungsunschärfe** auf – aus optischen Gründen wird die Allgemeinschärfe immer schlechter, je weiter man abblendet. Das ist mit ein Grund, warum in die üblichen Digitalkameras so lichtstarke Objektive eingebaut sind und häufig keine oder nur eine geringe Abblendung möglich ist bzw. automatisch vorgenommen wird.

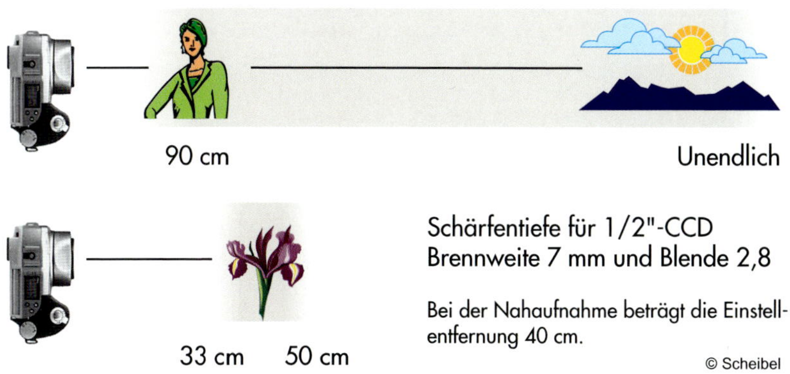

Schärfentiefe für 1/2"-CCD
Brennweite 7 mm und Blende 2,8

Bei der Nahaufnahme beträgt die Einstellentfernung 40 cm.

© Scheibel

Beide Fotos entstanden mit langer Brennweite (KB-Wert 200 mm). Links mit Blende 2,8 (Automatik), rechts mit Einstellung auf Blende 11 (großer Schärfentiefebereich). Fotos: Ulla Schmitz

Tipps für die Blendeneinstellung:

- Im Normal- und Fernbereich nicht oder nur wenig abblenden, auch wenn die Kamera kleine Blenden zulässt.
- Im Nah- und Makrobereich nur dann stärker abblenden, wenn besonders viel Schärfentiefe gebraucht wird, wie z.B. bei Aufnahmen kleiner Gegenstände mit großer Tiefe.
- Kleinere Blenden = größere Blendenzahlen als etwa Blende 8 nach Möglichkeit meiden. Mit kleineren CCDs als 1/2" sollte man die Blende noch weniger schließen, während man mit größeren CCDs etwas stärker abblenden kann, ohne übermäßige Beugungsunschärfe zu erhalten.
- Verfügt die Kamera über keine manuelle Blendenwahl, kann man eventuell durch Herabsetzen der ISO-Lichtempfindlichkeit oder Vorsetzen eines Graufilters die größte Blendenöffnung für weniger Schärfentiefe erzwingen.

Fotos mit so geringer Schärfentiefe sind mit üblichen Digitalkameras nur möglich bei sehr langer Brennweite (KB-Wert 210 mm), kurzem Abstand und offener Blende (3,1). Fotos: Ulla Schmitz

Beleuchtung und Blitzlicht

Fotografie braucht Licht – viel Licht und richtige Beleuchtung. Ist das defekte Teil einer Maschine zu dokumentieren, muss genügend Licht ins Getriebegehäuse fallen. Außerdem ist eine weiche Ausleuchtung vorteilhaft, wie sie von großflächigen Lichtquellen erzeugt wird. Manchmal genügt es schon, mit einem großen weißen Papierbogen für mehr Licht und gezielte Aufhellung (bessere Beleuchtung) zu sorgen. Sonst können, wenn keine speziellen Fotoleuchten zur Verfügung stehen, zusätzlich Handscheinwerfer, Bürolampen und ähnliches eingesetzt werden.

Wichtig für gute Farbwiedergabe ist der korrekte Weißabgleich. Man kann sich auf die Automatik verlassen oder besser manuell eine passende Einstellung z.B. für Kunstlicht (Glühlampen mit ungefähr 2800 Kelvin und Fotolampen bis 3400 Kelvin Farbtemperatur) oder Leuchtstofflampen (fluorescent light, FL) wählen. Schlechte Farbwiedergabe durch fehlerhafte Abstimmung lässt sich bei der Nachbearbeitung überraschend schwer korrigieren.

Vorteilhaft ist, wenn die Kamera einen Blitzgeräteschuh oder eine Blitzkabelbuchse hat.

Das in die meisten Digitalkameras eingebaute kleine Elektronenblitzgerät schaltet sich automatisch zu, wenn es der Kamera zu dunkel für eine Aufnahme aus freier Hand wird. Die Lichtleistung solcher Miniaturgeräte reicht jedoch nur für Abstände von wenigen Metern aus. Die automatische Regelung sorgt für die richtige Belichtung des Hauptobjekts, also meistens der mittleren Motivpartie. Alles was näher als das Hauptobjekt liegt, wird heller (zu hell oder sogar ausgefressen) und alles was weiter weg ist, wird dunkler (zu dunkel). Bei einigen Kameras ist eine Feinabstimmung der Blitzbelichtung durch Blitzstärken-Vorwahl oder Blitzbelichtungskorrektur möglich.

Häufig entstehen Mischlichtbilder: vorne und in der Mitte dominiert die

In dieser Blitzaufnahme kann man deutlich sehen, wie die Farbwiedergabe in der Raumtiefe (nach hinten) immer mehr ins Gelb-Orange abdriftet, weil dort das vorhandene Glühlampenlicht zunehmend an Einfluss gewinnt. Die leichten Bewegungsunschärfen mit ihren teilweise farbigen Rändern sind ebenfalls eine Folge der Mischlichtbeleuchtung.

Unsere Vergleichsaufnahmen zeigen, wie unterschiedlich die Bildresultate ohne Blitzlicht (links; ausgefressener Hintergrund) und mit Blitzlicht (rechts) ausfallen können. Fotos: Ulla Schmitz

korrekte Farbwiedergabe des Blitzlichts, während der Hintergrund beispielsweise den rotorangen Farbstich durch Glühlampenlicht zeigt. Weil für weiter entfernte Motivteile das vorhandene Licht mit der längeren Belichtungszeit dominiert, treten dort vermehrt Bewegungsunschärfen auf. Schaltet man die Raumbeleuchtung aus, erledigt sich das Mischlichtproblem, aber dafür ist der Hintergrund schwarz.

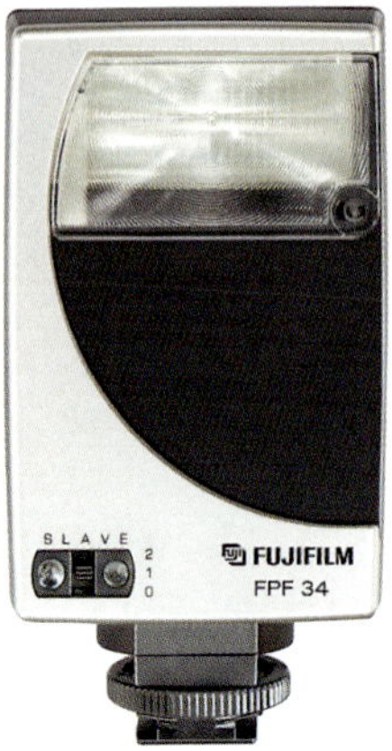

Das Fujifilm FPF 34 lässt sich als externes Blitzgerät vielseitig mit Digitalkameras einsetzen. Es kann auf Kameras mit Blitzschuh aufgeschoben oder über Adapter per Kabel angeschlossen werden. Das Besondere ist aber die Möglichkeit, das FPF durch Zünden des eingebauten Kamera-Blitzgeräts drahtlos auszulösen.

Für Aufhellzwecke eignen sich die kleinen, in die Kameras eingebauten Elektronenblitzgeräte recht gut. Egal ob es sich um die Schatten im Gesicht des Porträtierten oder um tiefe, schlecht ausgeleuchtete Hohlräume handelt – das Blitzlicht sorgt für die gewünschte Frontalbeleuchtung, vorausgesetzt, man kann das Blitzgerät zum Aufhellen manuell zuschalten.

Andererseits hat das von vorne einfallende Blitzlicht auch seine Tücken. Frontale Reflexe auf Brillengläsern oder glänzenden (spiegelnden) Objektpartien sind sehr störend, und in Personenaufnahmen können die berüchtigten roten Augen auftreten (die meisten Tieraugen leuchten in anderen Farben). Den »Rote-Augen-Effekt« versucht man mit Vorblitzen zu reduzieren, die ein Schließen der Pupillen unmittelbar vor der Aufnahme bewirken. Weiterhin ist es vorteilhaft, Personen nicht direkt in die Kamera blicken zu lassen und den Raum möglichst hell zu erleuchten.

Externe Blitzgeräte, sofern sie mit der Kamera benutzt werden können, sind leistungsstärker und verfügen oft über einen Schwenkreflektor, den man für indirektes Blitzen gegen die weiße Zimmerdecke richten kann. Indirekt geblitzte Fotos wirken angenehm weich und ausgeglichen, zeigen weniger Lichtabfall in der Raumtiefe, vermeiden das Ausfressen des Vordergrunds und auch die roten Augen. Häufig lässt sich das externe Blitzgerät mit dem eingebauten Blitz kombinieren.

Am flexibelsten ist die Blitzbeleuchtung, wenn das externe Blitzgerät über Kabel mit der Kamera verbunden ist oder drahtlos gezündet oder gesteuert wird. Dann bestimmt der Fotograf freizügig über die Lichteinfallsrichtung und Beleuchtungswirkung. Seitenlicht gibt den Bildern Plastik. Für Porträts empfiehlt es sich, das Blitzgerät mit dem ausgestreckten linken Arm etwas höher seitlich von der Kamera zu halten. Stark seitlich einfallendes Blitzlicht bewirkt Beleuchtungseffekte und betont Oberflächenstrukturen. Ein großflächiger Streuschirm vor dem Reflektor macht die Beleuchtung weicher.

Im Nah- und Makrobereich fotografieren

Amateurfotografen finden »in der Nähe« die reizvollsten Motive, und auch viele Aufgabenstellungen der beruflichen und angewandten Fotografie spielen sich im Nah- und Makrobereich ab. Erfreulicherweise lassen sich die meisten Digitalkameras bis zu recht kurzen Entfernungen scharfstellen oder sind mit einer Makro-Umschaltung ausgestattet. Möchte man das Objekt noch größer abbilden, noch näher herangehen, setzt man Nahlinsen vor das Objektiv (siehe auf Seite 57 unter Zubehör). Die größte Abbildung, den maximalen Abbildungsmaßstab, erhält man eigentlich mit der längsten Brennweite (Telestellung), doch erlauben manche Kameras in Weitwinkelstellung kürzere Aufnahme-Abstände.

Bis zu welchem minimalen Abstand das Objektiv scharfgestellt wird, muss

Digitalkameras eignen sich meist gut für Nahaufnahmen, denn sie lassen sich – zum Teil per Makro-Funktion – auf kurze Abstände scharfstellen. Die FinePix 4900 Zoom wurde auf einem Stativ montiert und per Selbstauslöser mit zwei Sekunden Verzögerung ausgelöst, um Verwacklungsunschärfen zu vermeiden.

Tipps für Nahaufnahmen

- Wegen der geringen Schärfentiefe im Nahbereich ist die genaue Scharfeinstellung wichtig. Mit gespeichertem Autofokus (angedrücktem Auslöser) darf man den Abstand nicht mehr verändern!
- Um den kürzestmöglichen Abstand schnell zu finden, befestigt man eine Schnur an der Kamera und schneidet sie entsprechend ab.

man bei den meisten Kameras mit dem Autofokus austesten, indem man zum Beispiel den Auslöser andrückt und das OK-Signal (oft ein grünes Licht) abwartet. Meldet der Autofokus eine Bereichsunterschreitung (durch Blinken oder Warn-Symbol), ist die Distanz zum Objekt zu gering. Bei diesem Durchprobieren muss bei den meisten Kameras der Auslöser immer wieder neu angedrückt werden! Eine gewisse Hilfe ist das Bild auf dem LCD-Monitor oder im EVF-Sucher, am besten mit elektronischer Sucherlupe, und am einfachsten ist die Schärfekontrolle im Sucher von Spiegelreflexkameras.

Achtung: Optische Durchsicht-Sucher sind im Nahbereich mit **Parallaxe** behaftet und zeigen nicht mehr den korrekten Bildausschnitt. Bei sehr kurzen Abständen treten extreme Parallaxenfehler auf. Eine zuverlässige Bildkontrolle ist dann nur auf dem LCD-Monitor und im Spiegelreflexsucher oder elektronischen Sucher (EVF) möglich. Bei sehr kurzen Abständen ist auch das Blitzen mit Parallaxproblemen behaftet, die sich darin äußern, dass die untere Partie des Nahobjekts weniger Licht abbekommt. Gute Kamera-Anleitungen verraten die Nahgrenzen von Sucher und Blitzgerät.

Wegen der begrenzten Abblendfähigkeit kann es im Nahbereich zu Überbelichtungen durch das Blitzlicht kommen, besonders mit hellen Objekten. Dagegen helfen möglicherweise folgende Kameraeinstellungen: die Wahl einer geringeren Blitzstärke, einer Minus-Blitzbelichtungskorrektur oder einer möglichst niedrigen

Formatfüllende Nahaufnahmen von Schmetterlingen, Insekten und vielen Kleintieren gelingen nur, wenn aus genügend weitem Abstand ein ausreichend kleines Objektfeld erfasst wird. Im allgemeinen ist das mit der längsten Brennweite des Zoomobjektivs (am Tele-Anschlag) der Fall.
Sonst verhilft eventuell die Kombination Telestellung+Nahlinse zu den erforderlichen Aufnahmebedingungen.
Foto: Christoph Seibert

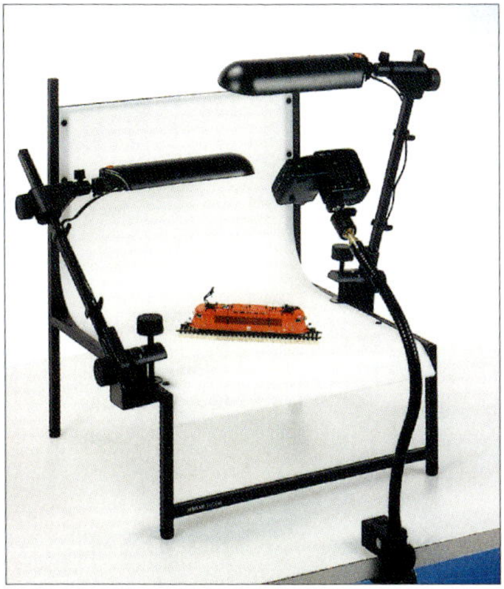

Wer privat oder sogar beruflich häufig kleine Objekte fotografiert, kommt leichter und besser zum Ziel mit einem speziellen Aufnahmetisch wie dem Kaiser Table-Top-Studio und entsprechendem Zubehör. Foto: Kaiser

Lichtempfindlichkeit (ISO). Sind diese Funktionen nicht verfügbar, kann man es mit einem Graufilter vor dem Objektiv probieren.

Digitale Reproduktionen

Reproduzieren bedeutet, ein Schriftstück, eine Zeichnung oder eine andere flache Vorlage so aufzunehmen, dass sie nachher zu entziffern, ausreichend erkennbar ist. In diesem Bereich tritt die Digitalkamera oft stellvertretend für Kopiergeräte und Scanner in Aktion, kann aber deren Abbildungsgüte höchstens bei kleinen Vorlagen erreichen. Die nicht zu winzige Schrift eines DIN-A4-Dokuments ist auf einwandfreien Reproduktionen mit mittel- und hochauflösenden Digitalkameras im allgemeinen lesbar. Was die eigene Kamera leistet, findet man mit ein paar Versuchen heraus.

Für Nahaufnahmen von ebenen Objekten wie beispielsweise Dokumenten oder Bildern gilt die Forderung, dass die Aufnahmerichtung senkrecht auf der Vorlagenfläche stehen soll. Andernfalls gibt es Verzerrungen, die aus einer rechteckigen Vorlage ein trapezförmiges Bild oder aus einem Kreis eine Ellipse machen. Am genauesten und sichersten lässt sich die Reprobedingung mit einem Reprostativ, bestehend aus Grundbrett mit Säule, erfüllen.

Reprovorlagen müssen möglichst gleichmäßig ausgeleuchtet werden. Das einge-

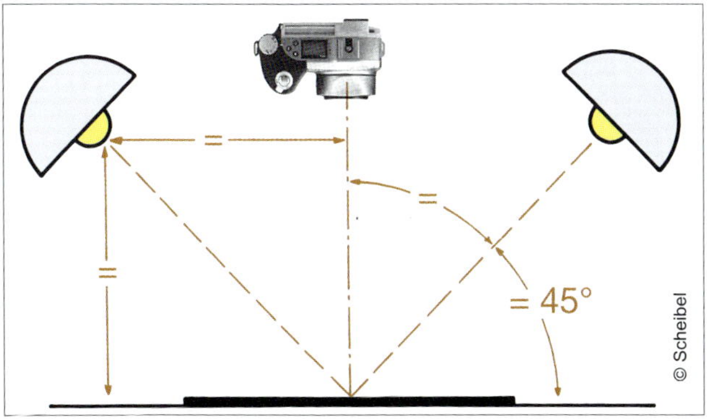

Für die gleichmäßige Ausleuchtung einer Reprovorlage werden am besten zwei Leuchten so angeordnet, wie hier schematisch dargestellt. Dabei sollte der Beleuchtungsabstand nicht zu kurz sein. Treten bei unebenen Vorlagen trotz richtiger Anordnung Reflexe auf, kann man aus einem flacheren Winkel beleuchten.

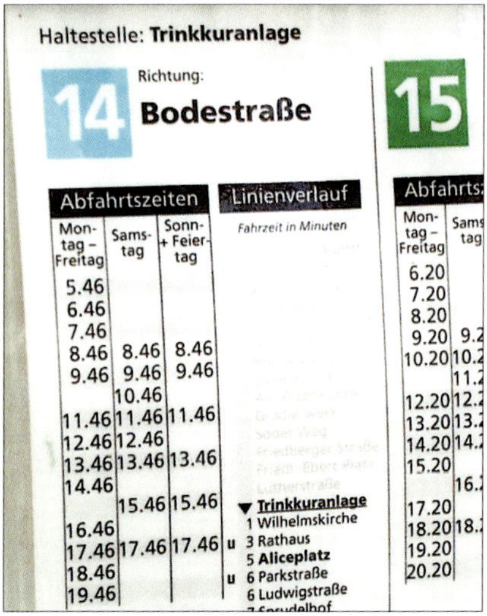

Den Fahrplan schnell aufnehmen (dabei auf störende Reflexe achten) und jederzeit auf dem Bildschirm nachsehen können, wann der Bus abfährt. Auch das ist angewandte Fotografie.

baute oder aufgesetzte Blitzgerät kann das schon wegen der Parallaxe nicht bewerkstelligen. Außerdem treten auf spiegelnden und glänzenden Flächen Reflexe auf. Geht es nicht ohne Blitzlicht, hält man die Kamera zur Vermeidung von Reflexen absichtlich etwas schräg und muss die entstehenden Verzerrungen in Kauf nehmen. Tageslicht oder eine Bürolampe eignen sich besser als Reprobeleuchtung. Optimal sind zwei oder vier Reproleuchten, wie sie als Zubehör zu Reprostativen angeboten werden.

Tipps für Reproduktionen

- Für Qualitäts-Repros stellt man die Kamera auf höchste Bildqualität und Auflösung.
- Wegen der Beugungsunschärfe (siehe S. 65) darf für beste Reproqualität nur sehr wenig abgeblendet werden. Wer eine Kamera mit manueller Blendenwahl besitzt und den besten Kompromiss genau kennenlernen will, macht testhalber Aufnahmen mit offener Blende sowie mit Abblendung um eine und zwei Stufen (beispielsweise mit den Blenden 2,8 – 4 – 5,6).
- Bei Repros stört es mehr als sonst, wenn eigentlich gerade Objektlinien durchgebogen im Bild erscheinen. Mit den meisten Zoomobjektiven sind solche Verzeichnungsfehler am geringsten im mittleren Brennweitenbereich zwischen Weitwinkel und Tele. Die Verzeichnung lässt sich auch nachträglich per Bildbearbeitung korrigieren.
- Überwiegt heller Grund, zum Beispiel bei Texten oder Zeichnungen auf weißem Papier, kann man mit einer Belichtungskorrektur um etwa +1,0 einem zu dunklen Bild entgegenwirken. Im umgekehrten Fall mit hellem Strich auf dunklem Grund empfehlen sich Korrekturen um etwa −1,0, damit das Bild nicht zu hell ausfällt.
- Werden Texte oder Zeichnungen, überhaupt Strichvorlagen ohne Zwischentöne reproduziert, vermeidet man nach Möglichkeit verlustbehaftete Komprimierungen; ideal ist beispielsweise das TIFF-Format.

Digitalkamera als Scanner

Wenn kein geeigneter Scanner greifbar ist, lassen sich Digitalkameras durchaus als »optische Scanner« für Aufsicht- und Durchsicht-Vorlagen einsetzen. Zwar ist im allgemeinen ein Flachbett- oder Filmscanner der Digitalkamera qualitativ überlegen, doch gibt es auch Anwendungsfälle, die eine gute Digitalkamera ebenso gut oder sogar besser beherrscht als ein Scanner. Zum Beispiel wenn übergroße Vorlagen zu digitalisieren (reproduzieren) sind oder wenn die Vorlagenformate weniger gut mit den vorhandenen Scannern harmonieren.

So lassen sich Vorlagen, die kleiner sind als eine Kreditkarte und nachvergrößert werden sollen, mit einem Flachbett-

Die reproduzierte Weihnachtskarte wurde mit einem individuellen Textzusatz kombiniert und per E-Mail an Freunde und Verwandte geschickt.

scanner oft nicht mit ausreichender Auflösung erfassen – eine Digitalkamera mit hoher Auflösung kann dann günstigere Voraussetzungen bieten. Das gilt auch für Diapositive oder Negative im Mittel- und Großformat (Durchsicht-Vorlagen im Format 4,5 x 6 cm und größer), weil sie sowohl mit Kleinbildscannern als auch üblichen Flachbettscannern nicht optimal verarbeitet werden können.

»Kontaktbögen« erhält man rasch und einfach, wenn man Dias oder Filmstreifen nebeneinander auf einen Leuchtkasten legt und reproduziert. Übrigens sind Digitalkameras schneller als Scanner.

Panorama-Aufnahmen

Zwei Dinge zeichnen nach landläufiger Sicht ein Panorama-Foto aus: das langgestreckte Format und ein großer horizontaler Bildwinkel. Das bei Digitalkameras vorherrschende fast quadratische Seitenverhältnis 4:3 ist eher das Gegenteil davon. Auch das in der herkömmlichen Fotografie verbreitete Verfahren, sehr weitwinklige Objektive zu verwenden und die Bilder oben und unten zu beschneiden, ist mit der digitalen Fotografie nicht gut vereinbar. Die Lösung: Man setzt Panoramen aus mehreren Einzelbildern zusammen – bis hin zum spektakulären 360°-Rundumblick. Das geht grundsätzlich mit jeder Kamera, auch ohne spezielle Funktionen.

Die Einzelbilder müssen für die spätere Montage eine deutliche Überlappung besitzen. Bei Aufnahmen aus freier Hand zieht man markante Punkte für die Höhenausrichtung und zum Auffinden der seitlichen Anschlüsse heran. Optimal ist die Montage der Kamera auf einem Stativ mit exakt waagrecht ausgerichtetem Panoramakopf. Die Bilder einer Serie nimmt man möglichst rasch auf, damit das Panorama nicht durch wandernde Wolken oder andere Veränderungen verdorben wird.

Aus zwei Gründen sind für zusammengesetzte Panoramen längere Objektivbrennweiten vorzuziehen: weit entfernte Objekte werden größer abgebildet (Berge erscheinen höher) und die Einzelbilder passen wegen der geringeren Verzerrung und Verzeichnung harmonischer zusammen. Hochformat-Aufnahmen sind gleichfalls vorteilhaft, es ergeben sich kleinere Winkelschritte und größere Bildwinkel in der Vertikalen.

Das Aneinanderfügen der Einzelbilder (»Stitchen«) geschieht per Bildbearbeitung auf dem Computer. Die einzelnen Fotos werden dabei genau positioniert und ein eventueller Höhenversatz wird weggeschnitten. Außerdem lassen sich Unterschiede in Helligkeit und Farbe korrigieren und die Bildübergänge durch Retuschieren praktisch unsichtbar machen. Mit spezieller Panorama-Software geschieht das Zusammensetzen und Anpassen sogar automatisch.

Was macht man nun mit dem digitalen Panoramabild im Computer? Der Monitor ist nicht gerade günstig für die Wiedergabe von Breitbildern. Ein 4:1-Panorama nimmt nur ein Drittel der Schirmhöhe ein.

Screenshot der Software PhotoVista, die das Zusammensetzen von digitalen Teilbildern zu einem 360°-Panorama automatisch erledigt.

Man kann natürlich die Darstellung vergrößern (von vornherein eine genügende Bildauflösung vorsehen!) und mit dem horizontalen Rollbalken durch das Bild scrollen – was den Eindruck eines Kameraschwenks ergibt. Dieses Prinzip wird bei so genannten **Virtual-Reality-Panoramen** angewandt, die man aus dem Internet kennt (Stadtansichten, Marsbilder etc.). Mit der Computer-Maus dirigiert man das Bild innerhalb des Anzeigefensters in die gewünschte Richtung. Der Betrachter scheint dabei im Zentrum eines geschlossenen Filmbandes zu stehen. Mit den Stitch-Programmen oder anderen Tools kann man seine Panoramabilder in solchen Dateiformaten wie zum Beispiel QuickTime-VR abspeichern.

Für die Ausgabe auf Papier ist ein Printer mit Fotoqualität und großem Druckformat erforderlich, außerdem eine Bilddatei mit hoher Auflösung. Denn ein relativ großer Ausdruck muss aus kurzem Abstand betrachtet werden, damit sich der Breitbild-Effekt einstellt und die Augen des Betrachters im Panorama »spazieren gehen« können. Für Tintenstrahldrucker wird extra langformatiges Papier angeboten, denkbar ist auch das portionsweise Ausdrucken und anschließende Montieren. Eine andere Möglichkeit sind Prints vom Foto-Dienstleister. Um die für Panoramen ungünstigen Standard-Printformate besser auszunutzen, montiert man in der Datei mehrere Panoramen übereinander, beispielsweise zwei Bilder 10 x 28 cm für einen DIN-A4-Ausdruck.

Anregungen fürs digitale Fotografieren

Selbstverständlich kann man mit einer gut ausgestatteten Digitalkamera fast alles fotografieren. Jedoch stellen wir immer wieder fest, dass die spezifischen Möglichkeiten gerade der digitalen Bildaufnahme und -bearbeitung häufig nicht genutzt werden, weil einfach »niemand auf die Idee« kam. Deshalb möchten wir nachstehend einige Anregungen im Telegrammstil vermitteln – ohne den geringsten Anspruch auf Vollständigkeit.

Da es unzählige Überschneidungen gibt, lohnt es sich, auf jeden Fall den gesamten Abschnitt durchzusehen. In vielen Anwendungsfällen sind Vergleiche nach dem Motto vorher/nachher relevant. Wo sie besonders wichtig sind, steht zur Erinnerung das Kürzel [v/n].

Ganz privat Sofortbilder von Partys und Familienfeiern (Hochzeiten, Kinderfeste, Geburtstage, Jubiläen). Urlaub, Ferien, Reise, Freizeit, Sport. Private Zeitungen zu besonderen Anlässen. Individuelle Einladungen, Glückwunschkarten und Grußbotschaften (auch per E-Mail). Aufnahmen für E-Mail-Briefe. Namensschilder und Tischkarten mit Porträts. Fotos für Kleinanzeigen.

Tagebuch-Funktion Impressionen, Dokumentationen und Berichte von (Geschäfts-) Reisen, Konferenzen und Messen. Für Architekten, anwendungstechnische Berater, Designer, Konstrukteure, Entwicklungs-Ingenieure. In Administration, Marketing, Verkauf etc.

Reproduktionen Schnelle Reproduktionen von Dokumenten, Zeichnungen, Flipcharts, Speisekarten, Devisentafeln, Öffnungs- und Leerungszeiten, Fahrplänen, Wappen (Heraldik), historischen Hinweistafeln etc. – als Erinnerungsstütze und auch zum Einbinden in Datenbanken, Web-Seiten usw.

Mit der Kamera scannen Besonders kleine und große Vorlagen, die sich ungünstig im Scanner verhalten (wie Briefmarken, Poster, Mittelformatdias, beschädigte oder reflektierende Oberflächen), kann man mit der Digitalkamera einscannen.

Ganz privat: Die digitalen Sofortbilder kann man noch während des Kindergeburtstags auf dem Monitor oder Fernseher anschauen (das gefällt den Kindern) und natürlich auch gleich zum Mitnehmen ausdrucken. Foto: Anni Rita Scheibel

Anregungen sammeln: Der Markt-Manager sieht sich bei Mitbewerbern in einer anderen Stadt um. Die wichtigsten Eindrücke hält er mit seiner Digitalkamera fest. Bekanntlich ist das »Stehlen« mit den Augen (oder der Kamera) ja keineswegs verboten.

Digitale Erfassung von Archivmaterial unterschiedlicher Formate und Beschaffenheit: wie alte Schriften und Bücher, antike Karteien, Kirchenbücher und sonstige historische Dokumente (die z.B. von Zerfall und Säurefraß bedroht sind).

Dia-Show Aufnahmen mit der Digitalkamera sowie Titelbilder, Montagen etc. per Bildbearbeitung erstellen. Anschließend Farbdias nach den Bilddaten vom Dienstleister herstellen lassen oder selbst Monitor-Repros anfertigen. Einladungen, Werbeplakate für Diavortrag.

Anregungen sammeln Schaufenster, Dekoration, Verkaufsräume, Vitrinen, Tische. Architektur, Fassadengestaltung, Innenarchitektur, Wohndesign. Gartengestaltung, Spielplatz, Minigolfanlage, Parkanlage. Bildreport von Events. Speisekarte des Mitbewerbers kopieren.

Tipps für Reisen mit der Digitalkamera

Ausreichend Speichermedien und Akkus (Batterien) mitnehmen. Wichtig ist der Akkulader, der an die Steckdosen und Netzspannung im Zielland passen muss. Nützlich ist eine Möglichkeit, die Bilddaten von den Speicherkarten auf ein anderes Medium zu übertragen (portable Massenspeicher, Notebook, im Internet ablegen – S. 90).

Vor der Abreise die Typenbezeichnungen und Seriennummern aller mitgeführten Geräte notieren, eine Liste ins Reisegepäck stecken und eine zu Hause lassen. Eine weitere Kopie kann (am besten zusammen mit den Kaufbelegen) bei eventuellen Zollproblemen nützlich sein. Oder man lässt sich vorher eine Zollbescheinigung über den Besitz der Geräte ausstellen.

Normale Reisegepäckversicherungen enthalten Klauseln, die den Ersatz bei bestimmten »Wertgegenständen« eingrenzen. Man sollte seine Versicherung überprüfen und bei Bedarf entsprechend erweitern.

Auf Reisen in tropische oder subtropische Klimazonen wird die Ausrüstung am besten im luftdichten und wassergeschützten Spezialkoffer untergebracht. Bei jeder passenden Gelegenheit möglichst lang in klimatisierten Räumen auslüften lassen!

Für besonders raue Betriebsbedingungen (Wasser, Sand, Staub) die Kamera in einer Schutztasche aus transparenter Folie unterbringen. Digitalkameras arbeiten ungern oder gar nicht bei Minusgraden, weshalb man Vorkehrungen für eine wärmende Aufbewahrung treffen sollte.

In ruhigeren Zeiten alle Geräte gründlich kontrollieren und reinigen. Mit verschmutzten Frontlinsen und Vorsätzen gelingen keine brillanten Bilder. Und nur über blanke Kontakte fließt der Strom ungehindert.

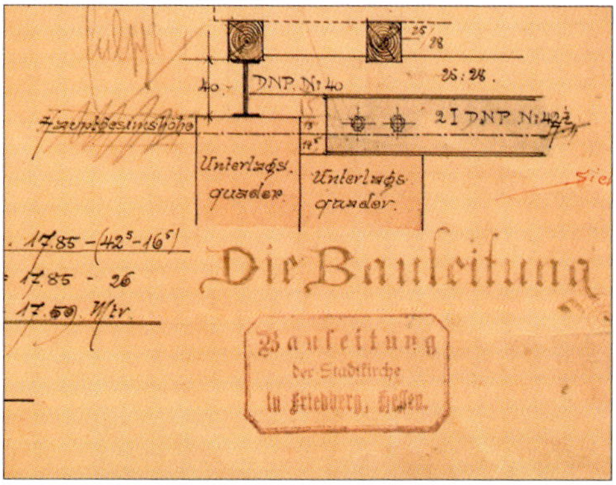

Digitale Erfassung: Ausschnitt aus den mit der Digitalkamera »gescannten« großformatigen Bauzeichnungen. Die 100 Jahre alten Pläne werden heute für Restaurierungsarbeiten herangezogen.

Ausweise und Visitenkarten
Betriebs- und Mitarbeiterausweise. Vereinsausweise. Visitenkarten mit Bild. Bebilderte »Familienkarten«.

Sport, Freizeit, Fitness Bilder für Vereinsdruckschriften und für Web-Auftritt des Clubs. Bewegungsstudien (Serienaufnahmen, Videoclips). Sportreportagen, die schnell zur Tageszeitung müssen. Fitnessclubs und Therapiezentren: Ausstattung, Angebot.

Kunst, Museen, Galerien Ausstellungen, Installationen, Performance. Fotos für Dokumentation, Werbung, Veröffentlichungen, wissenschaftliche Arbeiten, Kataloge und Web-Sites. Aufnahmen von Objekten archivieren.

Beauty Schönheitspflege, Kosmetik. Musterfrisuren zum Auswählen. Fotos von Kundinnen/Kunden für probeweise Variationen (Haarfarbe, Styling) per Bildbearbeitung. Plastische Schönheits-Chirurgie: Beispiele von erfolgreichen Operationen, Vorklärung mit Hilfe der Bildbearbeitung, Dokumentation. [v/n].

Mode Kollektionen. Kataloge (Web). Modenschau. Textilien, Stoffe. Aufnahmen von Kundinnen/Kunden und Variationen per Bildbearbeitung (Umfärben etc.).

Ganz privat: Das Porträt der Jubilarin und das Repro einer Briefmarke wurden per Computer zu einer »Geburtstagsbriefmarke« verarbeitet.

Versicherungen: Wer viele Bücher hat (das gilt keineswegs nur für Bibliotheken) sollte die Regale in angemessenen Abschnitten dokumentieren.

Immobilien, Mietobjekte: Die Fotos für das Ferienhaus-Angebot im Internet macht man am einfachsten mit der Digitalkamera.

Einbruch, Diebstahl, Raub Fotos von Einbruchsspuren, Schäden und verlorengegangenen Dingen (vorher machen oder vergleichbare Objekte) für Polizei und Versicherung. Auch E-Mail-Versand an Versicherungen und Ermittlungsbehörden. Vorbeugend Schmuck, Sammlerobjekte, Buchregale etc. aufnehmen.

Reparatur, Wartung, Handwerk: Dieses Bild stammt aus der Mustermappe eines metallverarbeitenden Betriebs. Foto: Hubert Seibert

Reparatur, Wartung, Handwerk Bilder über Ausführung bestimmter Arbeiten. Mustermappen. Beispiel Fassaden- und Innenraumgestaltung oder Kunstschlosser (Geländer, Gitter). Schäden, Mängel und Reparaturen [v/n].

Versicherungen Schäden dokumentieren und ggf. per E-Mail an Versicherung, Gutachter, Anwalt senden. Bsp: Unfälle, Haftpflicht, Wasser- und Brandschäden, Einbruchsspuren und -schäden, Reparaturen [v/n]. Vorbeugend Eigentum (Wertgegenstände, Schmuck, Betriebseinrichtungen, Bibliotheken etc.) fotografisch registrieren. Sicherungsmaßnahmen dokumentieren (Einbruchssicherung, Alarmsysteme).

Immobilien, Mietobjekte Für Angebote in Druckmedien, an Makler und im Web. Erstinformation mit Bild per E-Mail. Makler können Bilder und Daten der Objekte mit Datenbank verwalten, gezielt auf Bildschirm vorführen und (auch per E-Mail) dem Interessenten zuschicken. Mieter: Bild-Dokumentationen für Hausverwaltung.

Gaststätten, Partyservice Party- und Lunchservice: Fotos für Angebot und Auswahl (Mappe). Gaststätten: Bebilderte Speisekarten und Aushänge (besonders in Touristenzentren mit fremdsprachigen Gästen). Werbeblätter. Druckschriften für Aktionen. Hauszeitung.

Blumen und Pflanzen Fotos für Kataloge (Web) und Publikationen. Bsp. für Gartenbau, Landschaftsgestaltung und -pflege. Botaniker: wissenschaftliche Studien, Vergleiche, Veröffentlichungen. Floristen: Bilder und Mustermappen für Angebote von Arrangements (Web).

Blumen und Pflanzen: Floristen halten ein Musterbuch mit Fotos der verschiedensten Gestecke bereit. Bilder wie von diesem Ikebana-Arrangement können auch für Lehrzwecke (Kursmaterial) und Veröffentlichungen eingesetzt werden. Foto: Anni Rita Scheibel

Natur und Umwelt(-schutz) Zoologen, Ornithologen und Botaniker: Tier- und Pflanzenfotos als Belege, für Dokumentation und Veröffentlichungen. Naturschutz: Schutzgebietsbetreuung, Dokumentation von Veränderungen über kürzere und längere Zeiträume. [v/n]

Renovierung, Reinigung Bilder für Angebote und Werbung. Dokumentation der Arbeiten. Beweisbilder für Schadensregulierung. [v/n]

Sammler, Archivare, Bibliothekare Bestände aufnehmen für Kataloge (Druck und Web), Ausleihaktionen, Schadensfälle. Bilder als Archivierungshilfen. Bestandserfassung in Datenbank. Austausch über gesuchte Stücke/Teile und Infos über Sammlerschätze per E-Mail oder Web. Von Zerstörung bedrohte Objekte digital sichern.

Veranstaltungen Werbung (Druck und Web). Dokumentation des Geländezustands vor Aufbau von Ständen, Fahrgeschäften etc. Veranstaltungsverlauf für späteren Nachweis, Veröffentlichungen usw. im Bild festhalten.

Veranstaltungen: Einer der fotografisch wirkungsvollen Höhepunkte der Flugschau war der Ballonstart. Aufnahmen wie diese eignen sich für die verschiedensten Zwecke, von der Veröffentlichung in der Vereinszeitung bis zur Homepage-Gestaltung. Foto: Anni Rita Scheibel

Verkauf, Verkaufsförderung, Marketing: Der bunt bemalte Beetle wurde auf einer Messe gesichtet und fotografiert. Die Bilder illustrieren den Messebericht und vermitteln auch später noch einen Eindruck von der Realisation dieser Idee.

Unfälle und Gefahren Unfallschäden (Verkehr, häusliche Unfälle, Arbeitsunfälle), Unfallsituationen. Spurensicherung. Gefährdungen, Gefahrenstellen und -situationen registrieren und fotografisch überwachen.

Tourismus Werbung, Kataloge, Angebote im Web für Städte, Regionen, Landschaften, Gaststätten, Hotels. Bebilderte Speisekarten. Bildersammlungen (Postkartenserien) auf CDs. Touristen: Dokumentation von Mängeln.

Verkauf, Verkaufsförderung, Marketing Bilder für Prospekte, Kataloge und Mustermappen. Fotos für Angebote. Broschüren einfach und schnell herstellen mittels Farbprinter. Autohändler bietet Gebrauchtfahrzeuge über Web an. Erstellung von Reparaturanleitungen und (vorläufigen) Gebrauchsanweisungen. Vorführungen mit der Digitalkamera am Fernsehgerät. Multimedia-Präsentationen.

Verwaltung, Einkauf Aufnahmen für Unternehmensprofil und Betriebsausweise. Fotos und Videoclips für digitale Projektion (oder Web, internes Netz) bei Besprechungen und Diskussionen im größeren Kreis (brainstorming), NetMeetings und Videokonferenzen. Einkauf: Bilder für weltweite Web-Suche nach bestimmten Produkten.

Schulung, Training, Werbung, Presse Bilder für (interaktive) multimediale Lehr- und Werbepräsentationen. Aufnahmen für Schulungsmaterial. Minutenschnelle Zustellung von Bilddaten per E-Mail oder

Tourismus: Bilder für den Web-Auftritt kann man in ausreichender Auflösung mit einer Digitalkamera der 1-Megapixel-Klasse machen.

Datenfernübertragung statt Postversand von Papierbildern oder Dias. Angebot und Streuung von Pressebildern übers Internet inklusive Download aus Web.

Verkehr, Verkehrsplanung Unklare Situationen und unfallträchtige Punkte sowie Unfälle und Schäden fotografieren. Verkehrsstörungen, -aufkommen und -situation im Bild festhalten. Straßenbau: Baumaßnahmen, Baufortschritt und Beschilderung registrieren [v/n].

Design, Formgestaltung, Entwicklung, Konstruktion Dokumentation von Entwicklungs-(zwischen-)stadien, Prototypen und Ausfallmustern. Fotografische Registrierung von Versuchsaufbauten – auch für Schutzrechtspriorität, mit Datum und sonstigen

Bau, Architekten: Besonders nützlich für spätere Reparaturen sind Aufnahmen von Installationen, die abschließend unter Putzschichten oder Verkleidungen verschwinden. Foto: Walter Schick

Gaststätten, Partyservice: Die bebilderten Aushänge oder Angebotsmappen können schnell auf aktuellen Stand gebracht werden.
Foto: Ulla Schmitz

Nachweisen zum Zeitpunkt (beispielsweise aufgezeichnete Gespräche und VideoClips). Registrierung von Dauerversuchen, Gebrauchstests, Fallversuchen u.ä. (als Intervallaufnahmen bis schnelle Bildserien).

Universitäten, Institute, Forschung Bilddokumente von Forschungserfolgen und Untersuchungsergebnissen für Berichte, Öffentlichkeitsarbeit, Archiv, Kommunikation und Erfahrungsaustausch (E-Mail, Web).

Bau, Architekten Leitungs- und Rohrführungen, Skelettstrukturen etc. bei Neubau und Renovierung zusammen mit Maßstab fotografieren (wichtig für spätere Maßnahmen wie Reparaturen). Baufortschritt, Baumängel, Wasser- und Brandschäden dokumentieren (auch für Versicherung). Reparaturen [v/n].

Industrie, Maschinen Fotos von Fertigungseinrichtungen, (Prüf-)Aufbauten, Arrangements, vorbildlichen Lösungen und Schäden. Dokumentation des alten Zustands vor der Änderung von Einrichtungen sowie von später schlecht zugänglichen Anlagenteilen (mit Maßstäben). Sicherheitsingenieure: Betriebsunfälle, unfallträchtige Einrichtungen und Situationen, Gefahrenstellen, Unfallsituationen und Folgen (Dokumentation und Bericht für Berufsgenossenschaft).

Land- und Forstwirtschaft Gartenbau, Wein- und Obstbau: besondere Erfolge, außergewöhnliche Erscheinungsformen und Gestaltungsideen, Baumschnitt [v/n]. Dokumentation von Schäden oder Verlusten durch pflanzliche und tierische Schädlinge, Manöver, Unwetter, Überdüngung, ungünstige Witterung etc. (auch für Versicherung bzw. Schadensersatz).

Langzeit-Veränderungen Intervallaufnahmen in Wissenschaft und Technik: beispielsweise künstliche Alterung, Wachstum, Baufortschritt, Veränderungen unter Einfluss von Temperatur, Feuchte, Witterung. Tipp: Standpunkt und Beleuchtung sollen für alle Aufnahmen identisch sein! Ausrichtung, Zoomeinstellung etc. nach Merkpunkten (optimal dafür ist eine fest installierte Kamera-Halterung).

Bau, Architekten: Die Bauarbeiten am Reinigungsbecken für Straßenabwässer wurden von Beginn bis Fertigstellung fotografisch dokumentiert. Die Bilder dienen u.a. als Nachweise für den Auftraggeber und Vorbereitung für zukünftige Projekte.

Objekt- und Mustervergleiche Unter exakt gleichen Bedingungen entstandene Einzelaufnahmen können in Bildbearbeitungs-Programmen übereinander gelegt und genau verglichen werden (Koinzidenz-Verfahren).

Land- und Forstwirtschaft: Der alte Apfelbaum wurde vor und nach dem Verjüngungsschnitt aufgenommen, um zu demonstrieren, wieviele Äste entfernt werden mussten.

Die Bilddaten speichern

Digitale Fotos erzeugen – auch im komprimierten Zustand – vergleichsweise große Dateien. Die Speichermöglichkeiten spielen daher eine wichtige Rolle. Durch auswechselbare Speichermedien ist der Benutzer einer Digitalkamera prinzipiell in der Lage, unbegrenzt viele Aufnahmen zu machen. Ähnlich wie beim Filmwechsel wird eine belegte Speicherkarte gegen eine freie ausgetauscht. Anders als der Film kann das Speichermedium aber gelöscht und neu beschrieben werden.

Nur in Ausnahmefällen gibt es keine Wechselspeicher: Verfügen sehr einfache Digitalkameras ausschließlich über einen internen Speicher, muss dessen Inhalt auf einen Computer übertragen werden, bevor man weiterfotografieren kann. Teure Kameras für die Studiofotografie wiederum besitzen manchmal gar keinen eigenen Speicher, da sie stets in Verbindung mit einem Computer betrieben werden.

Die Kombination von wechselbarem und fest eingebautem Speicher (beispielsweise 8 MB) in einigen Digitalkameras hat den Zweck, die Datenverarbeitung zu beschleunigen und die Bildfolgezeit zu verkürzen. Bei entsprechender Konzeption können solche Kameras bei Bedarf ohne externes Speichermedium benutzt werden.

Für die digitale Fotografie gibt es kein einheitliches Speichermedium. Vielmehr konkurrieren mehrere Systeme miteinander, und der technische Fortschritt wird uns immer wieder neue Typen von Datenträgern bescheren. Diese Vielfalt bringt auch jede Menge Lesegeräte und Adapter mit sich.

Mit der Anschaffung einer Digitalkamera entscheidet sich der Käufer zwangsläufig für ein bestimmtes Speichermedium. Die Merkmale, Vor- und Nachteile der aktuellen Systeme sollen hier gegenüber-

Wichtige Speicherkartentypen auf einen Blick: Die SmartMedia-Karte (Mitte) erkennt man an den goldfarbenen Kontaktflächen. Links davon ist eine CompactFlash-Karte zu sehen. Oben liegt eine SD Memory Card, darunter eine MultiMedia Card. Ganz unten ragen einige PC-Karten ins Bild, das die Karten übrigens nicht in den realen Größenverhältnissen zeigt.

Die meisten Speichermedien werden nicht nur in Digitalkameras, sondern auch in vielen anderen Produkten der Unterhaltungs- und Kommunikations-Elektronik eingesetzt. Foto: Hama

gestellt werden. Wichtige Eigenschaften sind die Speicherkapazität, die Kosten, die Abmessungen, die Kompatibilität und die Schreib-/Lese-Geschwindigkeit.

Anders als Filmmaterial haben die Speichermedien keinerlei Einfluss auf die Bildqualität. Bei der Betrachtung der Kosten muss man unterscheiden, wie hoch der Preis des einzelnen Datenträgers ist und was dies umgerechnet pro Megabyte Fassungsvermögen ausmacht. Für Anwender, die sehr große Datenmengen speichern müssen, haben geringe Kosten pro Megabyte Priorität. In anderen Fällen können die absoluten Anschaffungskosten entscheidend sein.

Karten mit Speicher-Chips

Als Speicher werden so genannte Flash-Memory-ICs eingesetzt, die ihre Daten auch bei abgeschalteter Stromversorgung behalten. Für die Lebensdauer geht man von rund hunderttausend Schreib- und Löschzyklen aus. Solche Speicherchips können heute in kompakter Bauweise mit sehr hohem Fassungsvermögen (z.B. 512 MB) hergestellt werden. Dass vorwiegend Karten bis 64 MB benutzt werden, ist einfach eine Kostenfrage. Außerdem gehören zum Lieferumfang der meisten Kameras Speicherkarten mit lediglich 8 oder 16 MB, was nicht gerade üppig ist. Bei den Speicherkarten für Digitalkameras dominieren die SmartMedia- und CompactFlash-Systeme. In den Fujifilm Digitalkameras kommen SmartMedia-Karten zum Einsatz, in der digitalen Spiegelreflex S1 Pro auch CompactFlash-Karten.

Adapter und Lesegeräte für Speicherkarten werden im Kapitel »Die Bilddaten übertragen« vorgestellt.

SmartMedia-Speicherkarte

Die manchmal mit dem Kürzel »SSFDC« bezeichneten superdünnen Speicherkarten (37 x 45 x 0,8 mm, 2 g) bieten Kapazitäten von 2 bis 128 MB. Das weitverbreitete Medium besitzt keinen eigenen Controller und kann deshalb so dünn sein. Das Verlagern dieser Steuerungselektronik in die Kamera hat allerdings

Typisch für die sehr dünnen SmartMedia-Speicherkarten ist das große Kontaktflächenmuster. In den markierten Kreis können Schreibschutz-Aufkleber aufgebracht werden. Foto: Fujifilm

den Nachteil, dass neuere SmartMedia-Karten mit höherer Kapazität oft nicht in älteren Kameras benutzt werden können. Abhilfe in Form von Kamera-Modifikationen bieten die Hersteller nur selten an. Zu beachten ist auch die Existenz zweier Versionen mit unterschiedlicher Versorgungsspannung (5 Volt und 3,3 Volt), wobei die heutigen Digitalkameras praktisch nur noch Karten für 3,3 Volt akzeptieren. Die ungeschützten Kontaktflächen und die filigrane Bauart erfordert eine sorgsame Behandlung.

Die CompactFlash-Speicherkarten haben ein etwas dickeres Gehäuse mit einer seitlichen, verdeckt eingebauten Kontaktleiste. Foto: Hama

Wird der SmartMedia-Benutzer mit einem CompactFlash-Steckplatz konfrontiert, hilft ihm vielleicht ein im Zubehörhandel erhältlicher Adapter weiter, der eine SmartMedia-Karte in eine CompactFlash-Karte Typ II verwandelt.

CompactFlash-Speicherkarte (CF)

Diese robuste Karte wird ebenfalls von vielen Kameraherstellern eingesetzt und existiert in zwei Typen. Karten des Typs I haben die Maße 43 x 36 x 3,3 mm. Manche Digitalkameras akzeptieren zusätzlich die 5 mm dicken Karten vom Typ II. In einem CF-Gehäuse Typ II können nicht nur Speicher-ICs, sondern auch Modems oder Miniatur-Festplatten (IBM Microdrive) untergebracht sein. Übrigens: Steht in den technischen Daten einer Digitalkamera nur CompactFlash ohne nähere Angaben, dann ist in der Regel ein Steckplatz für Typ I gemeint.

In CompactFlash-Karten ist im Gegensatz zu SmartMedia der Controller integriert, wodurch die Aufwärtskompatibilität gegeben ist. Die Kapazitätsobergrenze liegt derzeit bei 640 MB. Weiterhin werden Versionen mit besonders schneller Datenspeicherung und integrierter USB-Technik angeboten, was kürzere Bildfolgezeiten sowie einfachere Kartenleser ermöglicht.

PC-Card

Diese scheckkartengroßen Steckkarten nach dem PCMCIA-Standard wurden ursprünglich für die Speichererweiterung von tragbaren Computern entwickelt und können auch Modems, Netzwerk-Adapter oder Mini-Festplatten beinhalten. Die ebenfalls verwendete Bezeichnung ATA-Karten rührt vom benutzten Schnittstellen-Standard her. Drei Typen mit unterschiedlicher Kartendicke (3,3, 5 und 10 mm) sind erhältlich. Im Bereich der digitalen Fotografie werden PC-Cards fast nur in größeren und teureren (Profi-)Digitalkameras eingesetzt. Von Vorteil sind die direkte Verwendbarkeit in einem PCMCIA-Laufwerk, über das zum Beispiel viele Notebooks serienmäßig verfügen, sowie die hohen Speicherkapazitäten bis zu einem Gigabyte und mehr.

Manche Digitalkameras akzeptieren verschiedene Speicherkartentypen, wie hier die FinePix S1 Pro mit Steckplätzen für SmartMedia und CompactFlash II. Foto: Fujifilm

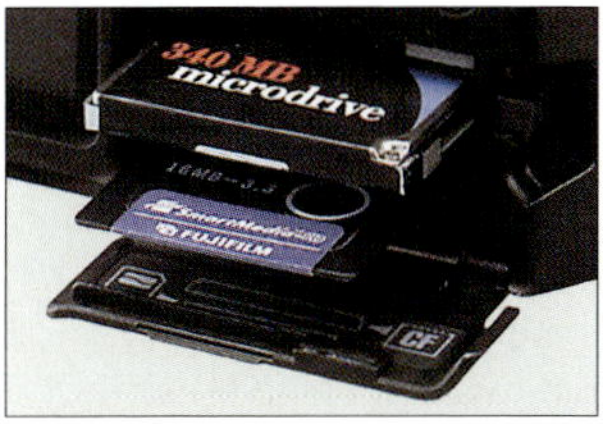

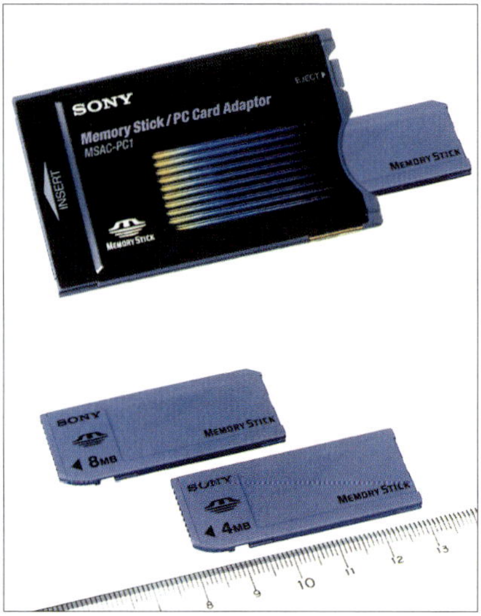

Die fünf Zentimeter langen IC-Speicherkarten vom Typ Memory Stick kommen in vielen Produkten von Sony zum Einsatz. Zum System gehören PC-Card-Adapter (im Bild) und Floppy-Disk-Adapter. Foto: Sony

SD Memory Card

Dieses Medium ist der MultiMedia Card sehr ähnlich (etwas dicker, aber steckkompatibel) und soll in einer Vielfalt von digitalen Geräten wie Audio-Playern, Mobiltelefonen, Videokameras, Handheld-Computern usw. Verwendung finden. Besonderheiten sind die hohe Schreib- und Lese-Geschwindigkeit, Funktionen zur Datensicherheit und der integrierte Kopierschutz. SD steht übrigens für Secure Digital. Erste Digitalkameras für die gegenwärtig bis 256 MB fassenden Speicherkarten sind bereits erhältlich.

Memory Stick

Dieses robuste Speichermedium von Sony ist kaum größer als ein Kaugummistreifen. Zur Zeit sind Kapazitäten bis 128 MB erhältlich; der integrierte Controller gewährleistet die Aufwärtskompatibilität. Noch ist die Verbreitung des Memory Sticks auf Produkte von Sony beschränkt. Neben Digitalkameras verwenden Geräte wie Notebooks, Camcorder, Diktiergeräte und Handys dieses Medium.

MultiMedia Card

Nur 32 x 24 mm groß und 1,4 mm dünn sind diese Speicherkarten (derzeit bis 64 MB) für mobile Digitalgeräte. Einsatzgebiete sind hauptsächlich MP3-Player und Handys, aber auch einige Digitalkameras arbeiten damit. Außerdem wird sie in Digital-Camcordern für die Speicherung von Stehbild-Aufnahmen benutzt.

Die besonders kleine SD Memory Card ist als Universal-Speicherkarte für eine Vielzahl digitaler Geräte konzipiert. Foto: Panasonic

Die Miniatur-Festplatte von IBM (im Bild das Modell mit 1 Gigabyte Speichervolumen) ist genauso klein wie eine CompactFlash-Speicherkarte Typ II und passt in die entsprechenden Slots. Foto: IBM

Magnetische Speicher-Laufwerke

Mit beweglichen Teilen arbeiten diese Disketten- bzw. Festplatten-Laufwerke, wie man sie vom Computer her kennt. Natürlich kommen für den mobilen Einsatz besonders kompakte und gegen Erschütterungen geschützte Ausführungen zum Einsatz. Der Stromverbrauch ist trotz aller Bemühungen der Entwickler gegenüber Speicherkarten prinzipbedingt recht hoch.

IBM Microdrive

Ein Speicherriese im Kleinstformat. Die Miniatur-Festplatte mit 340 MB, 512 MB oder 1 GB Speichervolumen ist in einem CompactFlash Typ II Gehäuse untergebracht und kann in entsprechenden Digitalkameras verwendet werden. Der Anschaffungspreis ist relativ hoch, die Kosten pro Megabyte sind dagegen eher günstig.

Clik! (PocketZip)

Die Mini-Disketten (55 x 50 x 2 mm) mit 40 MB Speichervermögen bieten einen deutlichen Preisvorteil gegenüber den Speicherkarten. Dennoch wurde bisher nur eine Digitalkamera für diesen Datenträger von Iomega auf den Markt gebracht, was auch an der kostspieligen Integration des Laufwerks in die Kamera liegen mag. Mit einem Laufwerk im PC-Card-Format finden die Clik!-Medien Zugang zu Notebooks etc. Weiterhin gibt es ein kompaktes Gerät, mit dem man den Inhalt von SmartMedia- und CompactFlash-Speicherkarten direkt auf die kleinen Disketten umkopieren kann.

Computer-Disketten

Von Sony gibt es Digitalkameras, die neben Memory Sticks gewöhnliche 3,5"-Computer-Disketten 1,44 MB für die Speicherung der Bilddaten verwenden. Diese Disketten sind universell einsetzbar, äußerst preiswert und bei Computerbenutzern oft im Übermaß vorhanden. Die Nachteile sind gleichfalls offensichtlich: Die Speicherkapazität ist angesichts der heutigen Bildauflösungen und damit verbundenen Dateigrößen kaum noch ausreichend. Dazu kommen die unhandlichen Abmessungen und der relativ langsame Speichervorgang.

Diese Lösung wird daher in absehbarer Zeit nur noch historische Bedeutung haben. Versuche, die Nachfolge-Systeme der herkömmlichen 3,5"-Disketten bei Digitalkameras zu etablieren (z.B. Super-Disk mit 120 MB), sind bisher im Sande verlaufen.

Das magneto-optische Speichermedium mit dem beziehungsvollen Namen iD Photo fasst 730 MB Daten und ist eine gemeinsame Entwicklung von Sanyo, Olympus und Hitachi. Foto: Olympus

Optische Speichermedien

Optische und magneto-optische Datenträger bieten mittlere bis hohe Kapazitäten bei geringen Kosten. Hervorzuheben ist die hohe Sicherheit gegen Datenverlust. Je nach System sind die rotierenden Scheiben nur einmal beschreibbar (CD-R), oder sie können gelöscht und mit neuen Daten versehen werden (CD-RW und MO). Die Stromaufnahme der Laufwerke ist grundsätzlich höher als bei Speicherkarten.

CD-R und CD-RW

Von Sony gibt es Digitalkameras mit integriertem CD-Brenner. Damit kommt ein preiswertes Medium mit relativ hoher Speicherkapazität zum Einsatz. Die Silberlinge mit 8 cm Durchmesser fassen 156 MB und lassen sich in fast jedem CD-ROM-Laufwerk lesen (UDF-Filesystem, Finalisierung als ISO 9660).

Jede Aufnahme wird sofort gespeichert. Bei der CD-R Variante können die CDs in mehreren »Sitzungen« beschrieben werden (Multi-Session), ein Löschen und Überschreiben von Daten ist nicht möglich. Hinsichtlich der Einsatzbereitschaft nach dem Einschalten und für die Speichervorgänge braucht der Benutzer etwas Geduld.

Hinzugekommen sind Kamera-Modelle, die ihre Bilder wahlweise auf CD-R oder CD-RW brennen. Letztere lassen sich mehrere Hundert Mal neu beschreiben.

iD Photo

Dieses erfolgversprechende magneto-optische Speichermedium wurde mit Blick auf die Bedürfnisse der digitalen Fotografie entwickelt und kommt erstmals bei einer Digitalkamera von Sanyo zum Einsatz. Die Vorzüge in Stichworten: hohe Speicherkapazität (730 MB), günstiger Preis, nur 50 mm Diskettendurchmesser (Gehäuse 59 x 56 x 5 mm), hohe Schreibgeschwindigkeit und Datensicherheit, rund eine Million mögliche Schreibzyklen.

Neue Speichermedien – Top oder Flop?

Ob sich ein neues Speichermedium in der digitalen Kamerawelt durchsetzt, hängt nicht nur mit den technischen Qualitäten zusammen. Eine ebenso wichtige Rolle spielen das Preis-Leistungs-Verhältnis, die Marktakzeptanz, der Zeitpunkt der Einführung und nicht zuletzt welche Firmen ein System forcieren. Die Tatsache, dass einige Speichermedien auch in anderen Produkten der Kommunikations- und Unterhaltungselektronik eingesetzt werden, kann sich vorteilhaft auf Verfügbarkeit und Preisentwicklung auswirken – muss aber nicht. In die Rubrik »mal sehen, was daraus wird« gehören beispielsweise folgende Produkte bzw. Ankündigungen:
Die DataPlay-Disc (Foto) hat einen Durchmesser von nur 32 mm. Das einmal beschreibbare optische Medium bietet 250 bzw. 500 Megabyte Speicherplatz. Mit diesen Daten und einem günstigen Preis könnte DataPlay auch für die digitale Fotografie interessant sein. Ritek hat Konkurrenz für den IBM Microdrive angekündigt: CompactStor nennt sich die Mini-Festplatte im CompactFlash II Format mit zunächst 1,1 Gigabyte Kapazität (6 GB werden angepeilt). Sony und Sharp beschäftigen sich mit einem magneto-optischen Medium ähnlich der iD Photo mit einer Kapazität von einem Gigabyte.

Mehr zum Umgang mit Speichermedien

Auch wenn ein Speichermedium in anderen Produkten der Kommunikations- und Unterhaltungselektronik eingesetzt wird, muss das beliebige Austauschen der Datenträger zwischen verschiedenen Gerätekategorien nicht funktionieren. Jedenfalls weisen die Kamerahersteller oft darauf hin, nur für Digitalkameras empfohlene Speicherkarten zu benutzen. Anderweitig eingesetzte Speicherkarten müssen zumindest in der Kamera neu formatiert bzw. initialisiert werden.

Zum pfleglichen Umgang mit den meist kostspieligen Speichermedien gehört neben der Vermeidung von mechanischer Beschädigung der Schutz vor statischer Aufladung und starken elektromagnetischen Feldern. Der Datenverlust ist garantiert, wenn eine Karte während eines Schreib-/Lese-Vorgangs aus der Kamera oder einem Lesegerät entnommen wird. Eine stabile Stromversorgung während des Datentransfers ist ebenfalls wichtig.

Dank USB, Lesegeräten und PC-Card-Adaptern erscheinen Speicherkarten einfach als Laufwerksymbol auf der Benutzeroberfläche des Computers. Nun könnte man daran denken, vom Computer aus Dateien zu verschieben, zu öffnen oder zu löschen. Oder das Medium zu formatieren. Alles dies sollte man besser unterlassen! Um Probleme zu vermeiden, kopiert man die Aufnahmen sofort auf den Computer und beendet dann den Zugriff auf die Karte. Das Löschen und Formatieren bleibt der Kamera vorbehalten.

Einige Speichermedien besitzen einen Schreibschutz in Form eines Schiebers oder Aufklebers, mit dem das ungewollte Überschreiben von Daten verhindert wird. Für die Langzeit-Speicherung von Aufnahmedateien sind die meisten Speichertypen nicht geeignet. Es empfiehlt sich

Floppy-Disk-Adapter sind kompatibel mit normalen Disketten-Laufwerken 3,5" und erlauben das Lesen und Beschreiben von seitlich eingeschobenen SmartMedia-Karten. Foto: Fujifilm

also, die Daten auf andere Datenträger zu sichern. Für die Verbindung zwischen Speichermedium und Computer gibt es eine Reihe von Adaptern und Lesegeräten, die im Kapitel »Die Bilddaten übertragen« vorgestellt werden.

Archivieren von Bilddaten außerhalb der Digitalkamera

Die Speichermedien der Digitalkameras sind im allgemeinen als Zwischenablage gedacht. Zur Bearbeitung und Aufbewahrung führt der Weg der digitalen Fotos normalerweise auf die Computer-Festplatte, die angesichts der Bilddateigrößen genügend Platz bieten muss. Für das Auslagern von Dateien und für Sicherheitskopien (Backup) eignen sich Wechselplatten-Systeme, die es zum Beispiel mit 250 MB oder 2 GB Kapazität gibt. Eine weitere, mittlerweile sehr verbreitete weil preisgünstige Möglichkeit ist das Brennen auf CD (650–700 MB). Vom Benutzer beschreibbare DVD-Medien sollen die Nachfolge von CD-R und CD-RW antreten – sie stellen mehrere Gigabyte pro Scheibe zur Verfügung.

Mittel gegen die Speicherplatznot

Nicht immer steht ein Computer oder Notebook bereit, um die mit Aufnahmen gefüllten Speicherkarten zu entleeren – etwa auf einer Reise. Auch dafür haben sich die Entwickler etwas einfallen lassen. Zum Beispiel das akkubetriebene Speichergerät namens »Digital Wallet« von Minds@Work mit eingebauter 3 GB oder 6 GB Festplatte und PCMCIA-Steckplatz. Per PC-Card-Adapter kann man Dateien von allen gängigen Speicherkarten einlesen. Eine Akkuladung reicht für zwei Stunden mobilen Betrieb. Zu Hause oder im Büro werden die Bilddaten per USB-Schnittstelle auf den Computer überspielt.

Das Nixvue Digital Album dient ebenfalls als portabler Massenspeicher und überträgt die Aufnahmen aus diversen Speicherkarten auf die interne 10 GB Festplatte (auch mit 20 GB). Aber es kann noch mehr: Nach Einschieben in die zugehörige Docking-Station sind Verbindungen zu TV-Monitor, Videobeamer, Computer und Fotodrucker möglich. Angeschlossen an ein Fernsehgerät können so unabhängig von einem Computer Bilder vorgeführt, geordnet oder auch gelöscht werden. Automatisch ablaufende Präsentationen lassen sich ebenfalls programmieren.

Ein weiterer Massenspeicher für unterwegs ist der Image Tank von Level Electronics. Je nach Bezugsquelle ist er bereits mit einer Festplatte (10 GB oder 20 GB) ausgestattet oder kann vom Käufer selbst mit einer 2,5"-Platte eigener Wahl versehen werden. Steckplätze sind nur für SmartMedia- und CompactFlash-Karten

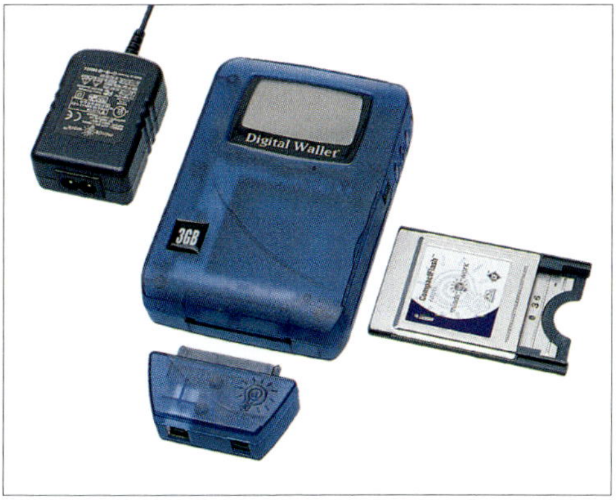

Ideal für Fotografen, die viele Bilder in hoher Qualität unterwegs aufnehmen: Mit dem mobilen Speichergerät »Digital Wallet« im Taschenbuchformat lassen sich Bilddateien ohne Umweg über einen Computer auf der eingebauten 3 GB großen Festplatte abspeichern. Foto: Jobo

(Typ I und II) vorhanden. Die Stromversorgung erfolgt über einen externen Akkupack, einen 12 V Auto-Adapter oder ein Netzteil.

Eine andere Möglichkeit ist das Ausnutzen des Internets für die Datenablage. Den Zugang erhält man unterwegs z.B. in Internet-Cafes. Von dort überspielt man seine Aufnahmen per E-Mail (besser FTP) auf Online-Fotoalben, die eigene Website oder anderweitig reservierten Webspace (Speicherplatz auf einem Internet-Server). Große Datenmengen lassen sich wegen der Übertragungsdauer noch nicht sinnvoll bewältigen, aber die Internetzugänge werden ja auch schneller.

Halten digitale Bilder ewig?

Die Langzeit-Archivierung von digitalen Fotos ist nicht unproblematisch. Zwar ist eine allmähliche Verschlechterung der Bildqualität wie bei Dias oder Papierbildern bei digital gespeicherten Bildern aus Prinzip nicht möglich, aber man muss bedenken, dass auch die elektronischen Datenträger nur eine begrenzte Lebensdauer haben. Das betrifft nicht nur die Möglichkeit des Datenverlustes durch einen Defekt, gegen den man sich durch Sicherheitskopien schützen sollte. Auch die binären Daten selbst, die zum Beispiel durch die unterschiedliche Ausrichtung von magnetischen Teilchen gespeichert sind, können »verblassen« und nach Jahren für den Computer unleserlich werden. Dagegen hilft nur das »Auffrischen« durch Kopieren auf das gleiche oder ein anderes Medium. Auf lange Sicht ist es ebenso wichtig, zukunftssichere sowie von vielen Programmen verstandene Dateiformate zu wählen. Gegebenenfalls muss man seine Aufnahmen rechtzeitig in ein neues Dateiformat umwandeln. Die gleiche Problematik gilt für die Datenträger selbst.

Das »Digital Album« überspielt nicht nur digitale Fotos von Speicherkarten auf seine eingebaute Festplatte (10 GB). Der Direktanschluss von TV-Monitor, Videobeamer und Drucker ermöglicht auch das vom Computer unabhängige Arbeiten. Foto: Jobo

Die Bilddaten übertragen

Im allgemeinen sollen die Aufnahmen von der Digitalkamera zum Bearbeiten, Archivieren, Ausdrucken etc. auf einen Computer oder andere Peripheriegeräte übertragen werden. Grundsätzlich gibt es zwei Möglichkeiten der Datenübertragung: erstens die direkte Verbindung (per Kabel oder drahtlos) und zweitens den Weg über die wechselbaren Speichermedien. Die Kamera-Entwickler tun einiges, um den Dateitransfer bequemer und einfacher zu gestalten, zum Beispiel durch Docking-Stationen oder eine Transfer-Taste an der Kamera.

Das wichtigste Merkmal der Übertragungstechnik ist deren Geschwindigkeit, wobei es große Unterschiede gibt und die langsameren Methoden eine echte Geduldsprobe darstellen. Beachten sollte man, wie bequem die Handhabung der jeweiligen Lösung ist und ob sie mit den vorhandenen Computer-Schnittstellen oder Laufwerken harmoniert. Auch die Nachrüstung des Computers beispielsweise mit einer USB-Schnittstelle kann im Zusammenhang mit der digitalen Fotografie nötig sein.

Auf der Rechnerseite werden meistens spezielle Programme oder Treiber installiert, die zum Lieferumfang der Digitalkamera gehören. Diese Software kann hinsichtlich Konfiguration, Anwendung und Leistungsfähigkeit sehr unterschiedlicher Natur sein.

Wichtig bei der direkten Verbindung Kamera/Computer ist eine stabile Stromversorgung der beteiligten Geräte. Sollte der Datenstrom durch schwache Akkus in der Kamera unterbrochen werden, kann dies beschädigte Dateien zur Folge haben. Bei lang andauerndem Datentransfer ist deshalb die Stromversorgung durch ein Netzteil sehr zu empfehlen.

Manchmal können Dateien auch in Richtung Digitalkamera überspielt werden. Ein Anwendungsbeispiel ist die Präsentation von zuvor bearbeiteten Bildern auf einem an die Digitalkamera angeschlossenen Fernsehmonitor. Sollen die Daten von der Kamera verstanden werden, müssen Typ, Größe und Bezeichnung der Dateien konform sein. Am besten ist es, wenn die zugehörige Software eine entsprechende Übertragungsfunktion besitzt.

Moderne Digitalkameras können jederzeit über die schnelle USB-Schnittstelle mit dem Computer verbunden werden – auch bei laufendem Rechner. Foto: Fujifilm

Bloß nicht den Überblick verlieren!

Erzeugt die Digitalkamera eine fortlaufende Datei-Nummerierung, entfällt das Problem, dass nach Löschen des Kameraspeichers wieder die gleichen Dateinamen verwendet werden – was Verwirrung verursachen und zum versehentlichen Überschreiben älterer Dateien führen kann. Ohnehin sollte man die nichtssagenden Dateibezeichnungen wie »DSCF0005.JPG« auf dem Rechner schnellstmöglich durch aussagekräftige Klartextnamen ersetzen. Versieht das verwendete Bildbearbeitungsprogramm das Dateisymbol mit einer Miniaturansicht des Bildinhalts, lassen sich die Dateien am schnellsten identifizieren.

Das einfache Kopieren von Bilddateien auf eine Speicherkarte bringt oft keinen Erfolg.

Der Austausch von Bilddateien per Speicherkarte zwischen Kameras funktioniert ebenfalls nur begrenzt, trotz aller Standards wie EXIF und DCF. Meistens sind nur bestimmte Modelle eines Herstellers untereinander »Datei-kompatibel«.

Kabelgebundene Übertragung

Universal Serial Bus (USB)

Der USB-Anschluss ist mittlerweile Standard bei Digitalkameras. Diese serielle Schnittstelle für Computer und zugehörige Peripherie hat viele Vorteile gegenüber der alten RS-232C-Norm: Die Datenübertragung ist erheblich schneller (bis zu 12 Megabit/Sekunde), und die USB-Geräte können bei eingeschaltetem Rechner angeschlossen bzw. getrennt werden. Mit einem entsprechenden Treiber erscheint die Digitalkamera automatisch als Laufwerk-Symbol auf dem Desktop, so dass der Zugriff auf die Dateien besonders einfach ist.

Weil die USB-Schnittstelle eine Stromversorgung beinhaltet, kommen kleinere

Nach Herstellen der USB-Verbindung und Einschalten der Digitalkamera startet automatisch der FinePix Viewer und zeigt die gespeicherten Aufnahmen an.

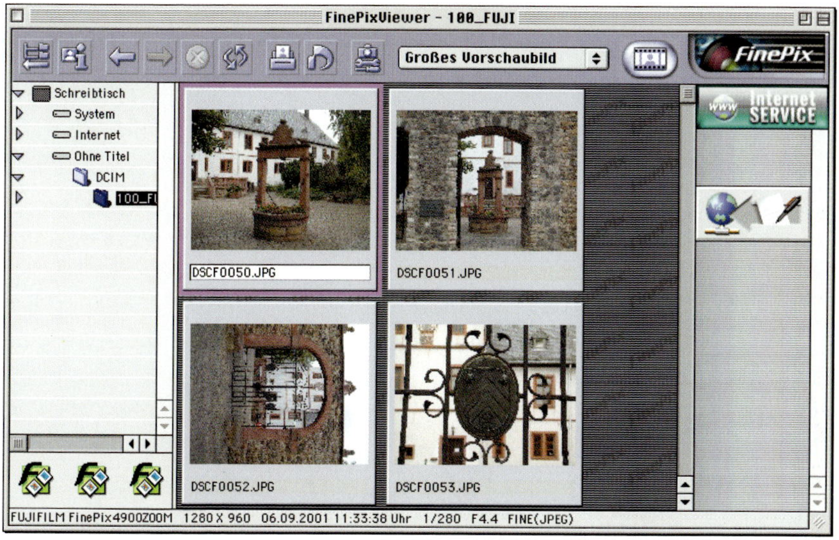

Stromverbraucher wie Kartenleser ohne eigene Batterie aus. Die tatsächliche Geschwindigkeit des Datentransfers hängt vom Leistungsvermögen der beteiligten Produkte ab und sinkt mit jedem weiteren am Bus angeschlossenen Gerät. Bei günstigen Voraussetzungen rauscht der Inhalt einer 8 MB-Speicherkarte in rund zwölf Sekunden durch die Leitung. Einen drastischen Tempozuwachs wird die Weiterentwicklung USB 2.0 bringen. Diese Version soll voll kompatibel mit den bisherigen USB-Produkten sein und eine Datenrate bis 480 Mbit/s ermöglichen.

Der USB-Anschluss der Kamera in Großaufnahme, darüber das zugehörige Symbol. Diese Schnittstelle ist Standard bei Digitalkameras.

Firewire- und SCSI-Schnittstellen

Digitalkameras für die professionelle Anwendung besitzen häufig einen Firewire-Anschluss (IEEE 1394). Diese von Apple entwickelte vierpolige Hochgeschwindigkeits-Schnittstelle überträgt viele Megabyte pro Sekunde (max. 400 Mbit/s), wodurch große Bilddateien im Nu überspielt sind. Bedeutung erlangte Firewire zuerst für die Verbindung von digitalen Videokameras und Computern. Nun ist der Firewire-Anschluss Standard bei den Macintosh-Rechnern, und so gibt es auch vermehrt passende Computer-Peripherie wie z.B. CD-Brenner. Die Handhabung ist einfach, und eine sechspolige Variante sorgt für die Stromversorgung angeschlossener Geräte. Neue Firewire-Versionen sollen die Geschwindigkeit weiter erhöhen.

Der SCSI-Anschluss, eine schnelle Parallelschnittstelle, die bei den älteren Apple-Computern Standard war, ist noch an einigen Profi- und Studio-Kameras zu finden. Nachteilig ist, dass vor dem Anschließen oder Trennen immer sämtliche Geräte ausgeschaltet werden müssen (Computer-Neustart).

Serielle Standard-Schnittstelle

Seit der Verbreitung von USB ist diese altgediente Übertragungstechnik (RS-232 bzw. 422) an neuen Digitalkameras immer seltener zu finden – und wenn, dann als »Zweitschnittstelle«. Die geringe Übertragungsgeschwindigkeit wird den heutigen Bilddateigrößen nicht mehr gerecht. Zudem müssen vor dem Verbinden oft die Geräte ausgeschaltet werden.

Docking-Stationen

Kameras mit so genannten Docking- oder Basis-Stationen machen die Bedienung noch bequemer. Die Kamera wird nach dem Fotografieren einfach in die per USB-Kabel mit dem Computer verbundene Basis gesteckt. Auf Tastendruck startet die Software, und die Aufnahmen werden als Voransichten auf dem Computer-Monitor sichtbar. Sie lassen sich dann auswählen und übertragen. Docking-Stationen können gleichzeitig die Stromversorgung mittels Netzteil und das Aufladen der Akkus übernehmen.

Drahtlose Verbindung

Infrarot-Übertragung (IrDA)

Um das lästige Kabelgewirr rund um den Computer nicht ständig zu vergrößern, kann man infrarotes Licht für die drahtlose Kommunikation benutzen, wie es bei manchen Computern, deren Peripheriegeräten, Mobiltelefonen und auch bei einigen Digitalkameras und Fotodruckern geschieht. Die Geräte müssen in Sichtkontakt positioniert werden und dürfen einen bestimmten Abstand nicht überschreiten. Das Leistungsmaximum liegt zur Zeit bei einer Datenrate von 4 Megabit pro Sekunde und Abständen zwischen ein und zwei Metern. Die Werte der erhältlichen Geräte sind sehr verschieden. Die Casio Armbanduhr-Digitalkamera zum Beispiel sendet ihre Daten mit 115 kBit/s und 10 cm Reichweite aus.

Wer seinen PC oder Notebook mit einer Infrarot-Schnittstelle nachrüsten möchte, kann auf als Zubehör angebotene IrDA-Adapter zurückgreifen.

Funkübertragung mit Bluetooth

Dieser neue Standard soll für den drahtlosen Kurzstrecken-Datentransport zwischen den verschiedensten Geräten sorgen. Per Funkwellen werden die Daten im lizenzfreien 2,4 Gigahertz-Bereich mit bis zu einem Megabit pro Sekunde übertragen. Die Reichweite beträgt bis 10 m, wobei kein Sichtkontakt notwendig ist.

Zu den ersten Produkten mit Bluetooth gehören Handys, digitale Camcorder und Fotodrucker. Die Bluetooth-Fähigkeit wird, wenn sie nicht fest eingebaut ist, durch Erweiterungs-Module erreicht (auch in Form von CompactFlash- bzw. PC-Cards). Ein Szenario für Digitalkameras sieht zum Beispiel vor, dass Bilddaten per Bluetooth von der Kamera zum Handy und von dort weiter übertragen werden.

Anschluss an Mobiltelefon

Die derzeitige Übertragungsgeschwindigkeit der Mobiltelefonie im GSM-Netz reicht für Bilddaten kaum aus. Unter die-

Demonstrationsobjekt für den Einsatz der drahtlosen Datenübertragung mit dem neuen Bluetooth-Standard: die FinePix S1 Pro in einer Spezialversion. Für die Verbindung wird eine Bluetooth-Karte im CompactFlash-Format in die Kamera geschoben. Foto: Fujifilm

Bluetooth Imaging Netzwerk

Konzeptionelle Darstellung einer zukunftsnahen Anwendungsmöglichkeit

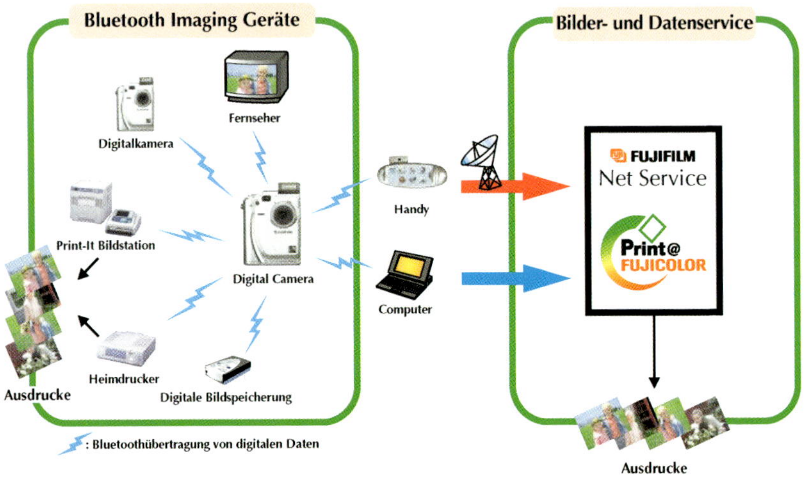

sem Manko leiden auch bestehende Lösungen, bei denen sich Digitalkameras direkt an Handys anschließen lassen. Pressefotografen als potentiellen Anwendern kommt zugute, dass die aktuelle Zeitungsberichterstattung meistens nur Fotos mit geringer Auflösung erfordert. Bis das UMTS-Netz kommt, bringen die neuen Übertragungsverfahren GPRS und HSCSD, die paketbasiert bzw. mit Kanalbündelung arbeiten, wenigstens einen gewissen Geschwindigkeitszuwachs.

Speicherkarten-Adapter für Computer-Laufwerke

Dank Wechselspeicher muss die Digitalkamera für den Datenaustausch nicht unbedingt mit einem Computer verbunden werden. Vielmehr dient das Speichermedium als Transportmittel. PC-Cards können in vielen Laptops direkt gelesen werden, da diese einen PCMCIA-Steckplatz besitzen. Der Datentransfer ist dabei schneller als über eine USB-Kabelverbindung. Per Adapter können auch SmartMedia-Karten, CompactFlash-Karten, Memory Sticks, MultiMedia-Cards, SD Memory Cards und Clik!-Disketten dem PC-Card-Anschluss zugeführt werden.

Für SmartMedia-Karten, MultiMedia-Cards und Memory Sticks gibt es Floppy-Disk-Adapter (»FlashPath«), die man einfach in das 3,5″-Diskettenlaufwerk eines Computers einschiebt. Die niedrige Lesegeschwindigkeit und der Batterieverbrauch des Adapters schmälern leider den Nutzen dieser eigentlich eleganten Lösung. Mit dem Floppy-Disk-Adapter für Memory Sticks lassen sich die Speicher-Streifen auch in den Sony Kameramodellen für 3,5″-Disketten verwenden.

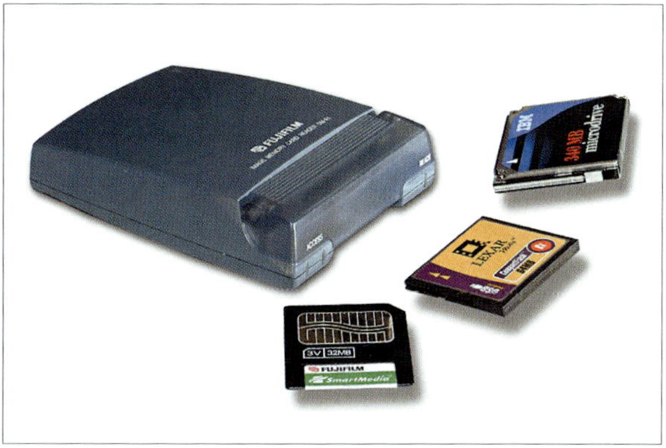

Dieses Lesegerät hat je einen Steckplatz für Speicherkarten vom Typ SmartMedia und CompactFlash (Typ II einschließlich IBM Microdrive). Der Anschluss an den Computer erfolgt über die schnelle Firewire-Schnittstelle. Foto: Fujifilm

Lesegeräte für Speichermedien

Als Computer-Peripherie gibt es eine Vielzahl von Lesegeräten, die das schnelle und einfache Auslesen (und Beschreiben) von Speicherkarten erlauben. Viele Lesegeräte akzeptieren nur eine bestimmte Speicherkarten-Sorte – es werden aber auch vielseitigere Modelle für mehrere Kartentypen angeboten. Besonders flexibel ist ein PC-Card-Laufwerk mit Adaptern für die jeweils benutzten Medientypen. Die meisten »Karten-Laufwerke« befinden sich im eigenen Gehäuse und können so bei Bedarf an verschiedenen Rechnern betrieben werden. Lesegeräte sind für alle gebräuchlichen Schnittstellen erhältlich.

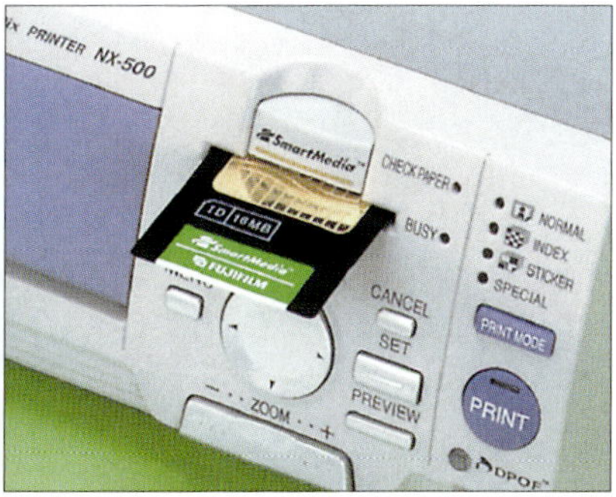

Peripheriegeräte mit eigenem Karten-Steckplatz

Vor allem Fotodrucker werden mit Karteneinschüben ausgestattet, so dass für das Ausdrucken einer Bilddatei der Umweg über den Computer entfallen kann. Dies setzt am Drucker neben Steckplätzen entsprechende Bedienungselemente und Einstellmöglichkeiten voraus. Zum Teil gibt es für die Bildauswahl kleine Displays, oder es kann ein TV-Monitor angeschlossen werden. Verbunden mit einem Computer lassen sich einige dieser Drucker für das Überspielen des Speicherkarteninhalts auf den Computer nutzen.

In die auf Seite 90 beschriebenen mobilen Speichergeräte sind natürlich auch Kartenleser integriert.

Der Fotodrucker FinePix NX-500 hat einen Steckplatz für SmartMedia-Speicherkarten. Man nimmt die Karte aus der Kamera, legt sie in den Drucker ein und druckt direkt Fotobilder im Thermo-Autochrome-Verfahren. Foto: Fujifilm

Bildverarbeitung mit dem Computer

Im Vergleich zu anderen Anwendungen stellt die Bildbearbeitung hohe Ansprüche an die Ausstattung und Leistung des Computers. Ein Bild aus einer 3,3-Megapixel-Digitalkamera besitzt unkomprimiert eine Dateigröße von 9 Megabyte. Und egal ob eine Bilddatei noch so stark komprimiert ist, nach dem Öffnen ist immer die volle Datenmenge maßgeblich. Das Betriebssystem und die Anwendungssoftware sowie die Rechenvorgänge für die Bildbearbeitung nehmen ein Vielfaches der Dateigröße an Arbeitsspeicher in Anspruch.

Der Rechner muss also mit genügend Arbeitsspeicher (RAM) ausgestattet sein, sonst geht das Arbeitstempo in die Knie. Eine möglichst große Festplatte, ein schneller Prozessor und ein großer, qualitativ guter Monitor sind ebenso wichtig. Die Bildschirm-Auflösung sollte mindestens 1024 x 768 Punkte betragen, wobei die Abhängigkeiten zwischen Monitor, Grafikkarte und Größe des Video-RAM zu beachten sind. Es ist sicherzustellen, dass bei der gewünschten Auflösung die Darstellung mit 16,7 Millionen Farben und eine Mindest-Bildwiederholfrequenz von 75 Hertz erreicht werden.

Vielerlei Software

Meistens gehören zum Lieferumfang von Digitalkameras neben Treibern und Software für die Verbindung zur Kamera auch Programme, die schon beachtlich viele Möglichkeiten der Bildbearbeitung bereitstellen. Bekannte Beispiele sind Adobe PhotoDeluxe, MGI PhotoSuite, ArcSoft PhotoStudio, Paint Shop Pro, Micrografx Picture Publisher oder abgespeckte Light-Versionen von Profi-Programmen wie Photoshop Elements. Weiterhin werden oft Album-Programme, »Stitcher« für das Zusammenfügen von Panoramen und sogar Web-Seiten-Editoren mitgeliefert. Natürlich gibt es diese und viele wei-

Mit populären, für das breite Publikum gedachten Bildbearbeitungsprogrammen kann man Fotos optimieren, verändern und in Vorlagen für Grußkarten etc. einfügen. Die Bedienung ist auch für Laien sehr einfach.
Links ist ein Screenshot aus der Software Adobe PhotoDeluxe zu sehen.

Software im Lieferumfang von Fujifilm Digitalkameras

Jeder aktuellen Fujifilm Digitalkamera liegt eine CD-ROM mit Software bei, die für die Verbindung zwischen Computer und Kamera nötig ist, aber auch zusätzliche Möglichkeiten bietet. Der Inhalt des Software-Pakets hängt vom Kameramodell ab; einige Zusatzprogramme beschränken sich auf das Windows-Betriebssystem. Hier ein Überblick über die Programme, die sich auf der Software-CD befinden können:

Das zentrale Element ist der **FinePix Viewer** (Abb. S. 93). Mit ihm lassen sich die Aufnahmen der am Computer angeschlossenen Kamera betrachten und übertragen (auch Wiedergabe von Video- und Audio-Clips). Auf dem Computer gespeicherte Bildersammlungen können ebenso übersichtlich angezeigt werden. Weitere Möglichkeiten: einfache Bearbeitung wie Ändern der Bildgröße und Einfügen von Text, Sichern in verschiedenen Dateiformaten, Wiedergabe als »Diaschau«, Ausdruck einer Index-Bildübersicht, Anzeigen der Exif-Daten. Auf Tastendruck wird die Verbindung zum FinePix Internet Service hergestellt, der zum Beispiel die direkte Bestellung von Bildabzügen oder den Zugriff auf Online-Fotoalben erlaubt.

Lässt sich das Kameramodell als Webcam einsetzen, stellt **Picture Hello** die Verbindung für eine Videokonferenz her (Live-Videobilder über das Internet). Der **DP Editor** erlaubt das Erzeugen und Bearbeiten von DPOF-Datensätzen, die Bestellinformationen für die Bildausgabe per Drucker und Terminal enthalten.

Das Hilfsprogramm **Exif Launcher** sorgt dafür, dass der FinePix Viewer automatisch startet, sobald eine Kamera angeschlossen wird. Die Bildbearbeitungssoftware **PhotoDeluxe** von Adobe (Home Edition) erlaubt nicht nur das Optimieren und Verändern von digitalen Aufnahmen, sondern auch das Einfügen in Schmuckrahmenvorlagen etc. Ein Assistent führt den Benutzer durch die einzelnen Bedienungsschritte. Mit **VideoImpression** kann man Videoaufnahmen aus entsprechend ausgestatteten Fujifilm Digitalkameras bearbeiten und schneiden.

tere Universal- wie Spezial-Programme rund um die elektronische Bildbearbeitung auch einzeln zu kaufen, wobei bereits preisgünstige Software viel leisten kann.

Einsteiger-Programme zeichnen sich aus durch einfachste Bedienbarkeit (Schritt-für-Schritt-Assistent) und vorgefertigte Gestaltungsfunktionen wie das Einsetzen von Bildern in Glückwunschkarten oder Kalenderblätter. Wer mehr Wert auf eine umfassende Palette an Bildbearbeitungs-Werkzeugen legt, sollte sich lieber für Software der »Mittelklasse« entscheiden, die ebenfalls erschwinglich ist. Höchste Ansprüche befriedigen teure, professionelle Programme wie Adobe Photoshop oder Corel Photo-Paint. Ein Tipp: Software, die zu Adobes Plug-in-Architektur kompatibel ist, lässt sich durch zum Teil kostenlose Zusatzmodule für Filterfunktionen, Datei-Import/Export etc. erweitern.

Nachdem man eine Weile digital fotografiert hat, stellt sich nicht nur die Frage, wie und wo man diese Datenflut speichert, sondern auch das Problem des Wiederfindens. Aussagekräftige Datei- und Ordnerbezeichnungen sind schon mal eine gute Grundlage. Für die effektive Verwaltung großer Bildbestände gibt es **Archivierungsprogramme**, in denen man die in Miniaturansicht dargestellten Bilddateien mit Aufnahmedaten und Stichworten versieht. Per Suchanfrage kommen die passenden Fotos wieder zum Vorschein. Bei aufwendiger Datenbank-Software werden alle jemals eingegebe-

Als eine der einfachsten Übungen gilt es, mit Hilfe der Bildbearbeitung störende Dinge aus einem Bild zu entfernen. Mit dem »Stempelwerkzeug« gelingt es leicht, die Beschilderung mit der Wandstruktur zu übermalen. Etwas aufwendiger wäre es, die schwachen Schatten der Leitungsdrähte zu beseitigen.

Das Wetter meinte es nicht so gut und die Bildbearbeitung musste mit einem freundlicheren Himmel aushelfen. Foto: Anni Rita Scheibel

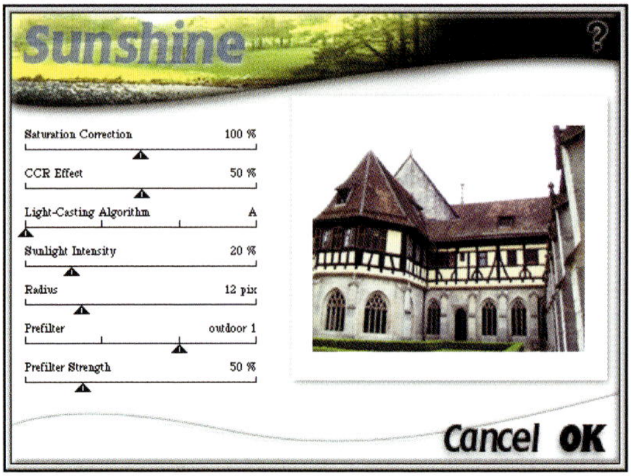

Die Software nik Color Efex! ist ein Plug-in für bekannte Bildbearbeitungsprogramme. Sie ahmt Filterungen digital nach, wie sie der Fotograf vom Kamera-Zubehör und aus der Dunkelkammer kennt. Gewissermaßen eine Erweiterung der Skylightfilter-Wirkung ist die Funktion »Sunshine« mit vielen Einstellmöglichkeiten (unser Screenshot), die aus Trübwettermotiven Quasi-Sonnenscheinbilder macht.

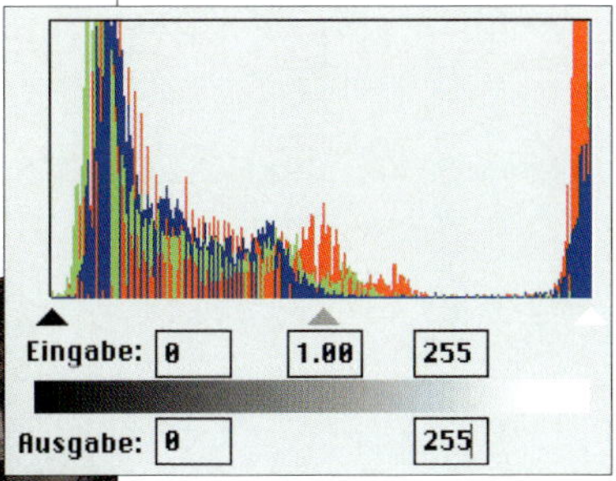

Ein belichtungskritisches Bild und das zugehörige Histogramm. Man erkennt darin das häufige Vorkommen von dunkleren und sehr hellen Tönen. Eine Bildverbesserung ist möglich, wenn der mittlere Zeiger weiter nach links verschoben wird. Foto: Anni Rita Scheibel

nen Stichworte gespeichert, was die Suche und Eingabe erleichtert. Nicht verschweigen möchten wir den Zeitaufwand für die konsequente Erfassung der Fotos. Übrigens sollen Funktionen zum Herunterladen und Verwalten von digitalen Fotos in zukünftigen Betriebssystemen integriert sein.

Möglichkeiten der Bildbearbeitung

Die Möglichkeiten, Fotos auf dem Computer zu bearbeiten, sind vielfältig. Zum einen können Helligkeit, Kontrast und Farbe verändert werden. Eine Vorschau auf dem Monitor zeigt bereits das Resultat, bevor man die Eingabe bestätigt. Sehr genaue und informative Werkzeuge für Helligkeit und Kontrast sind Histogramme und Gradationskurven. Im Histogramm ist der Tonwertumfang der Aufnahme grafisch dargestellt, während sich mit der Gradationskurve die Kontrastverhältnisse steuern lassen. Bietet die Software Zugriff darauf, sollte man sich unbedingt mit ihrer Funktion vertraut machen. Mit anderen Werkzeugen kann man Bildfehler retuschieren (z.B. rote Blitzaugen entfernen) und Bildinhalte grundlegend verändern. Sehr nützlich für das Retuschieren ist das Stempelwerkzeug: Mit ihm lässt sich zum Beispiel ein störendes Schild mit der Struktur der umgebenden Wand übermalen (Kopiervorgang innerhalb des Bildes).

Filter erlauben die Scharf- oder Weichzeichnung, die Umwandlung in ein Mosaik und unzählige weitere Effekte. Beim Schärfen ist, falls vorhanden, die Funktion »Unscharf maskieren« zu bevorzugen. Trotz der irreführenden Bezeichnung erlaubt sie eine feinstufig wählbare Scharfzeichnung der Konturen. Mit Filtern zum Ver- und Entzerren lassen sich Aufnahmen mit störender Verzeichnung (durchgebogene Objektgeraden) nachträglich »gerade biegen« oder perspektivische Verzerrungen (stürzende Linien u.ä.) beseitigen. Die

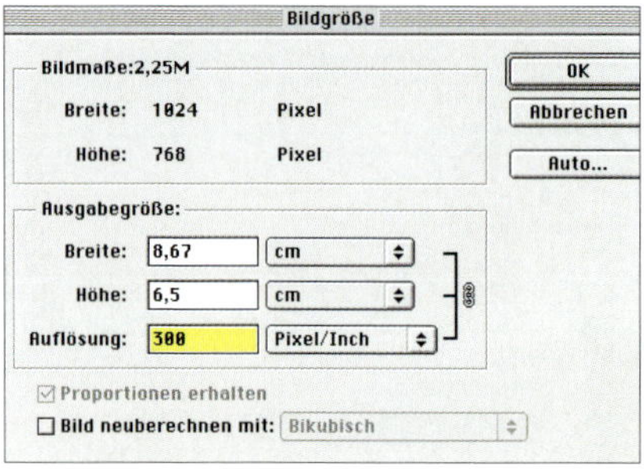

Das Bildgrößenmenü von Photoshop mit ursprünglichen Bildmaßen, Ausgabegrößen in verschiedenen Einheiten und Interpolationsbefehlen.

besseren Bildbearbeitungsprogramme bieten die Möglichkeit, Bilder in verschiedenen Ebenen zu bearbeiten. Man kann sich dies wie übereinander gelegte durchsichtige Folien vorstellen. Fügt man zum Beispiel eine Beschriftung in einer eigenen Ebene ein, lässt sich diese beliebig editieren, verschieben oder skalieren, ohne das restliche Bild zu beeinträchtigen.

Bildgröße und Bildausschnitt lassen sich passend zur weiteren Verwendung neu festlegen. Im Menü für die Bildgröße ist das Zusammenspiel zwischen den Bildabmessungen (in Punkten oder im Längenmaß) und der auf die Ausgabe bezogenen Punktdichte (ppi, dpi) zu beachten. Nur wenn die Bildgröße in Punkten sich ändert, findet ein Entfernen oder Hinzufügen von Pixeln statt. Die Kantenlängen in cm oder mm sind auf die ein- oder vorgegebene »Auflösung« in ppi (Punkte auf einen inch) bezogen.

Die Programme bieten meistens eine Reihe von Dateiformaten für das Abspeichern an: programmeigene und universelle Formate, mit und ohne Datenkomprimierung. Auf das passende Format ist vor allem zu achten, wenn die Bilddatei in

Mit Hilfe der Bildbearbeitung lässt sich aus einem »einfachen« Foto ein interessanteres Bild machen. Hier wurde das Rendering-Filter »Beleuchtungseffekte« mit seinen vielen Variationsmöglichkeiten eingesetzt, um eine Spotlight-Wirkung zu erzeugen.

Das Programm PhotoMontage von ArcSoft verwandelt ein Foto in ein Mosaik aus unzähligen kleinen Bildchen.

einer anderen Software zur Erstellung einer Einladung, eines Prospektes, einer Web-Seite etc. verwendet (importiert) werden soll. Wie man Bilder bezüglich Auflösung und Komprimierung für das Internet optimal vorbereitet, ist auf Seite 106 beschrieben.

Tipps: Bildqualität erhalten, Fehler vermeiden

Nach dem Übertragen eines digitalen Bildes von der Kamera auf den Computer liegt es entweder schon in einem gebräuchlichen Dateiformat vor, oder die Hilfs-Software erlaubt die Umwandlung in ein solches.

Obacht: Solange ein Bild weiterbearbeitet werden soll, wählt man ein Dateiformat ohne Komprimierung (z.B. TIFF, BMP) oder mit verlustfreier Reduzierung der Datenmenge (z.B. LZW-komprimiertes TIFF oder Photoshop-Format). Verlustbehaftete Dateiformate wie JPEG setzt man erst ein, wenn die Bearbeitung abgeschlossen ist. Auch wenn die Kamera von Haus aus ein JPEG-komprimiertes Bild liefert, speichert man es (vorübergehend) in einem verlustfreien Format ab. Andernfalls würde die Bildqualität mit jedem Speichern und erneutem Öffnen abnehmen. Für das GIF-Format gilt in diesem Zusammenhang, dass es zwar verlustfrei komprimiert, jedoch den Bildinhalt auf 256 Farben reduziert. Und für Details sowie Farbtiefe gilt: Einmal verlorengegangene Bildinformationen lassen sich nicht wieder herstellen.

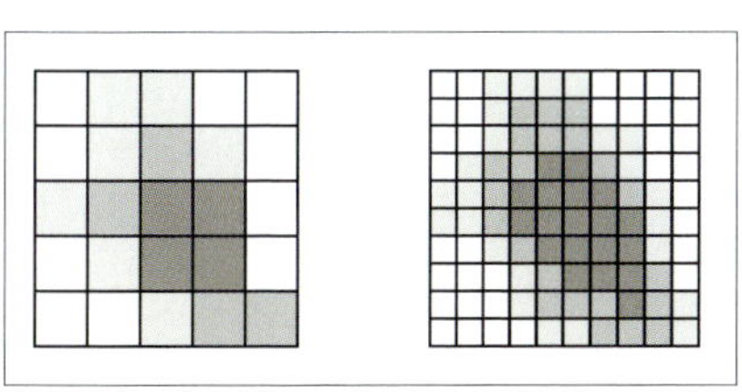

Interpolationsprogramme fügen Pixel hinzu, um eine höhere »Auflösung« zu erzeugen. Links der Ausgangszustand, rechts die Pixelstruktur nach einer bikubischen Interpolation. Schon aus der schematischen Grafik wird erkennbar, dass das interpolierte Bild keineswegs schärfer ist.

TIFF ungeschärft | Optimal geschärft | Deutlich überschärft

Normalerweise kommen die Bilder optimal geschärft aus der Kamera, wobei die Auffassungen über die »beste Schärfung« unterschiedlich sind. Bei manchen Kameras lässt sich der Schärfungsgrad einstellen. Für unseren Vergleich wurde ein Rohdaten-TIFF-Bild verschieden stark geschärft (unscharf maskiert).

Bietet eine Digitalkamera verschiedene **Schärfegrade** an, wählt man beim Fotografieren im Hinblick auf die spätere Bearbeitung am besten die »weiche« Einstellung. Denn das Schärfen der Aufnahme durch den Anwender – in feinen Nuancen und wiederrufbar – ist der automatischen Scharfzeichnung in der Kamera unbedingt vorzuziehen. Digitale Bilder werden normalerweise im RGB-Farbsystem aufgenommen und bearbeitet, d.h. jeder Bildpunkt hat einen Rot-, Grün- und Blauanteil. Der Wechsel nach CMYK (Cyan, Magenta, Gelb, Schwarz) geschieht – wenn überhaupt – als letzter Schritt vor dem Ausbelichten oder Ausdrucken. Ein unnötiges Hin und Her zwischen diesen Systemen kann lästige Farbveränderungen zur Folge haben.

Die Anwendung von Werkzeugen und Filtern ist oft mit unerwarteten und unerwünschten Resultaten verbunden. Die meisten Programme erlauben nur das Rückgängigmachen *eines* Befehls. Daher arbeitet man sicherheitshalber immer mit einer Kopie der Ursprungsdatei und legt sich von wichtigen Zwischenergebnissen ebenfalls Kopien an. Gleiches gilt vor der Veränderung der Bildgröße. Beim Verkleinern gehen Details in Form von Bildpunkten verloren, die sich auch durch die so genannte Interpolation nicht mehr zurückholen lassen.

Die **Interpolation** erzeugt beim Bildvergrößern aus den vorhandenen Bildpunkten zusätzliche Pixel als Lückenfüller. Dadurch wird das Auftreten von »Treppenstufen« an Objektkanten vermindert. Die besten Ergebnisse sind von der bikubischen Methode zu erwarten, weil für das neue Pixel nicht nur *ein* Nachbarpunkt kopiert wird, sondern alle Nachbarpunkte berücksichtigt werden. Der Verlust an Bildschärfe lässt sich durch Nachschärfen etwas kompensieren.

Bei der Bildbearbeitung beachten!

Für die Beurteilung der Bildschärfe, Detailerkennbarkeit, Stufigkeit von Kanten, Qualitätseinbußen durch Kompression und die Wirkung von Schärfungsfiltern wählt man die 100%-Darstellung (1:1) des Bildbearbeitungsprogramms (eventuell auch 25%, 50% oder 200%). Ansichten mit »krummen« Prozentwerten geben nicht die tatsächliche Bildqualität wieder.

Digitale Fotos präsentieren und drucken

Die erste Betrachtung der gerade aufgenommenen digitalen Fotos findet meistens auf dem LCD-Monitor der Digitalkamera statt und dient eher der schnellen Kontrolle. Die entscheidende Frage ist jedoch: Auf welche Weise und in welcher Größe soll die Aufnahme später wiedergegeben werden? Da gibt es mehr Möglichkeiten, als man auf Anhieb denken mag. Jede dieser Optionen stellt bestimmte Anforderungen an das digitale Bild. Daran sollte man schon vor der Aufnahme denken und eine entsprechende Bildgröße (Auflösung) und Bildqualität (Kompressionsgrad) wählen. Bei mehr als einem Verwendungszweck ist natürlich der »anspruchvollste« maßgebend.

Die nachstehend vorgestellten Wiedergabemöglichkeiten und dazugehörigen Empfehlungen gelten selbstverständlich nicht nur für Fotos aus der Digitalkamera, sondern für alle Bilder in digitaler Form, ob von einem Dia eingescannt oder von einer CD gelesen.

Wiedergabe auf dem Bildschirm

Digitale Bilder werden aus verschiedensten Gründen auf einem Computer-Monitor betrachtet: bei der Bildbearbeitung und Vorführung, als Bestandteil von elektronischen Dokumenten wie PDF-Dateien, eingebunden in eine Multimedia-Präsentation, auf Internet-Seiten oder als Anlage zu einem E-Mail.

Die erforderliche Bildauflösung für die Hundertprozent-Darstellung lässt sich recht leicht kalkulieren. Hundertprozent-Ansicht bedeutet, dass die vorhandenen Pixel des Bildes voll ausgenutzt werden – bei kleinerer Darstellung wird ein Teil der Pixel nicht angezeigt (Detailverlust) und bei größerer Darstellung werden die Pixel als grobe Struktur sichtbar (kein Detailzugewinn). Zuerst muss bekannt sein, welche Auflösung der betreffende Monitor bzw.

Die Mehrbild-Wiedergabe ist auf dem Kamera-Display oder einem angeschlossenen TV-Gerät möglich. Ein Bild wurde für weitere Aktionen (vollflächig anzeigen, löschen etc.) rot markiert.

Selbst mit ziemlich einfacher Software (links ein Screenshot vom Netscape Composer) lassen sich digitale Bilder leicht in eine Web-Seite einbauen. Vor dem Einfügen sollte man die Bilddatei auf die gewünschte Anzeigegröße umrechnen.

die Grafikkarte des Computers bietet. Soll ein Bild auf einem Monitor, der mit einer Auflösung von 1024 x 768 Punkten arbeitet, schirmfüllend angezeigt werden, muss die Bilddatei aus ebenso vielen Punkten bestehen. Ist das digitale Foto dagegen 512 x 384 Punkte groß (halbe Breite und Höhe), füllt es genau ein Viertel der Monitorfläche aus.

Bei vorstehenden Beispielen gleichen sich die Seitenverhältnisse von Monitor und digitalem Bild (Standard 4:3). Weicht das Bild davon ab oder soll ein Hochformat-Foto wiedergegeben werden, lässt sich die Schirmfläche eines Standard-Monitors nicht voll nutzen. Ist die Größe der Bilddarstellung in Zentimetern von Interesse, kommt die Monitorauflösung in dpi ins Spiel, d.h. die Zahl der Bildpunkte auf einen inch (2,54 cm). Nennwerte sind 72 dpi bei Macintosh-Computern und 96 dpi bei Windows-PCs. In der Realität liegen die meisten Monitore irgendwo dazwischen. Am eigenen Monitor kann man den Punktabstand einfach feststellen: Die sichtbare Bildbreite mit einem Lineal messen, von Zentimetern nach inch umrechnen und die horizontale Auflösung in Punkten durch diesen Wert teilen.

Kalkuliert man mit etwa 80 dpi, ist das sicher nicht verkehrt. Ein Beispiel: Soll ein Bild in der Größe 20 x 15 cm angezeigt werden, müsste die Datei aus 630 x 472 Punkten bestehen (der Rechenweg ist auf S. 22 erläutert).

Bilder fürs Internet

Gerade für Internet-Zwecke soll die Bildauflösung optimal angepasst sein, denn übergroße Bilddateien führen zu langen Ladezeiten und zum verständlichen Unmut des »Surfers«. Wichtig: Das Bild ist in der Größe abzuspeichern und auf den Server zu legen, in der es auf der Web-Seite angezeigt werden soll (100 %-Darstellung). Wird dagegen ein doppelt so großes Bild (vierfache Fläche) zu Grunde gelegt und im Web-Seiten-Editor per Befehl auf 50 % gebracht, geschieht folgendes: die komplette um den Faktor vier zu große

Datei wird über das Internet übertragen und erst auf dem Computer des Empfängers »kleingerechnet«.

Wegen des Sparzwangs bei den Dateigrößen werden die Bilddateien fürs Internet stets komprimiert. Als Standard für Fotos haben sich die JPEG-Formate etabliert, die verschieden starke Kompressionsraten anbieten. Während die schwächste Datenreduzierung (Einstellungen »Qualität hoch« bis »maximal«) dem Bild kaum anzusehen ist, geht mit sehr starker Komprimierung die Bildqualität in den Keller.

Man muss also immer einen günstigen Kompromiss zwischen Aussehen und Dateigröße suchen, wobei man die Einstellung »mittel« normalerweise nicht unterschreiten sollte, zumal die Dateigröße nicht nennenswert weiter schrumpft. Sehr nützlich sind Programme mit Vorschaufunktion, die ein Bild vergleichend mit unterschiedlich starker Kompression anzeigen können. Ohne Vorschau lassen sich die Qualitätseinbußen nur beurteilen, indem man eine Kopie (!) der Datei mit der gewählten Kompressionsrate speichert, schließt und erneut öffnet.

Digitalfotos mit dem Fernsehgerät betrachten

Viele Digitalkameras besitzen einen Video-Ausgang (auf Fernseh-Norm achten!). Ist die Kamera über Kabel mit einem Fernsehgerät verbunden, bietet sich eine schnelle und einfache Möglichkeit, Aufnahmen ohne Computer-Hilfe zu sichten oder vorzuführen. In der Regel erscheint dann das Bild statt auf dem eingebauten LCD-Monitor in unveränderter Weise auf dem Fernsehschirm – störende Anzeigen (Bilddaten etc.) lassen sich meistens ausblenden. Wenn erst die großflächigen

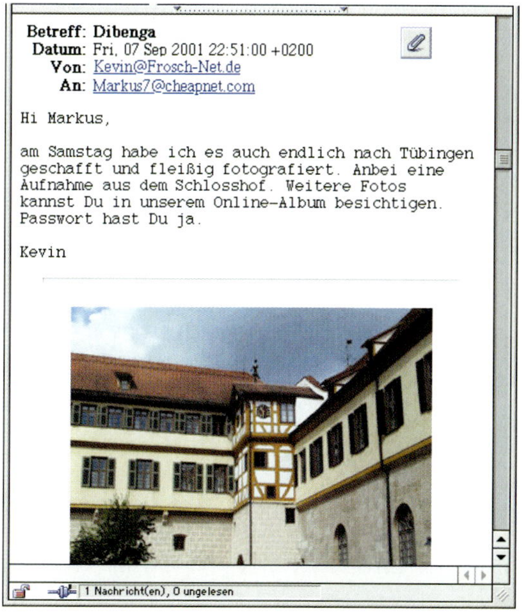
Betreff: Dibenga
Datum: Fri, 07 Sep 2001 22:51:00 +0200
Von: Kevin@Frosch-Net.de
An: Markus7@cheapnet.com

Hi Markus,

am Samstag habe ich es auch endlich nach Tübingen geschafft und fleißig fotografiert. Anbei eine Aufnahme aus dem Schlosshof. Weitere Fotos kannst Du in unserem Online-Album besichtigen. Passwort hast Du ja.

Kevin

1 Nachricht(en), 0 ungelesen

Digitale Fotos können problemlos als Anlage zu einem E-Mail verschickt werden. Ideal sind Bilder im JPEG-Format. Nicht nur wegen der geringeren Dateigrößen, sondern auch weil sich JPEG-Bilder beim Öffnen des E-Mails sofort anzeigen lassen.

Viele Digitalkameras besitzen einen Video-Ausgang und lassen sich über Kabel mit einem Fernsehgerät verbinden, das natürlich einen Video-Eingang haben muss. Man kann dann die Fotos auf dem Fernsehbildschirm in gleicher Weise betrachten wie auf dem LCD-Monitor der Kamera, nur bequemer und größer.

TV-Flachbildschirme Einzug in die Wohnungen gehalten haben, sind damit Vorführungen möglich, die durchaus einer Diaschau alten Stils ähneln.

Zur Kamera gehörige Videokabel besitzen einen Cinch-Stecker für den Anschluss an den Video-Eingang des TV-Geräts. Unter Umständen ist ein Adapter von Cinch auf SCART oder DIN AV nötig. Digitalkameras mit Tonaufzeichnung werden über AV-Kabel angeschlossen, so dass man auch Audio-Signale wiedergeben kann.

Die Auflösung des Fernsehbildes ist vergleichsweise niedrig. Sollen Digitalbilder extra für die TV-Wiedergabe aufgenommen oder hergerichtet werden, genügen schon Auflösungen zwischen VGA und SVGA. Manche Digitalkameras erlauben die Programmierung von automatisch ablaufenden Bilderschauen mit wählbaren Standzeiten. Lassen sich Dateien vom Computer in die Digitalkamera übertragen, kann man Bilder speziell für Präsentationen erzeugen oder bearbeiten, z.B. mit Schrift versehen.

Weiterhin ist im Zusammenhang mit der oftmals als »Diaschau« bezeichneten Funktion folgendes zu beachten: Hochformatbilder werden im allgemeinen auf der Seite liegend angezeigt, und sind deshalb ungeeignet. Als störend erweist sich auch ein langsamer Bildaufbau, womöglich mit einer »Grob-Darstellung« beginnend. Diese Wartezeit lässt sich durch Wahl einer geringeren Bildauflösung verkürzen.

Während der Wiedergabe auf Fernsehgeräten oder sonstigen Monitoren bietet sich die Stromversorgung der Kamera über ein Zubehör-Netzteil an. Nicht nur Digitalkameras dienen als Videoquelle: Das Taschenbuch-große Nixvue Digital Album führt die gespeicherten, zuvor von Speicherkarten eingelesenen Aufnahmen auf einem angeschlossenen Fernsehmonitor vor.

Weitere Geräte mit Video-Eingang

Das Videosignal einer Digitalkamera lässt sich an weiteren Geräten mit Video-Eingang nutzen. So kann man die digitalen Bilder mit einem Videorekorder aufnehmen – quasi als »Diaschau auf Videoband«. Gibt es Ton-Aufnahmen zu den Bildern, überspielt man diese bei Bedarf

Der Wunschtraum, digitale Bilder zu projizieren wird erschwinglicher, nachdem portable Multimedia-Projektoren mit guter Leistung in nicht ganz so exklusiven Preisklassen auf den Markt kommen. Der Epson EMP-715 beispielsweise misst 27 x 21 x 8 cm, wiegt 2,7 kg, kann über zwei Millionen Bildpunkte darstellen und ist so hell wie ein sehr guter Diaprojektor. Foto: Epson

gleich mit oder unterlegt das Ganze nachträglich mit Sprache und Musik.

Zu erwähnen sind ferner LCD-Projektoren (Video-Beamer) und Videodrucker. Die Video-Beamer besitzen meistens Eingänge für Video und PC. Natürlich ist über den Video-Eingang nur Fernseh-Bildqualität erreichbar. Wenn man dagegen die Bilddateien vom angeschlossenen Computer aus vorführt, kommt man in den Genuss höherer Auflösung.

Bildausgabe auf Papier

Die Betrachtung auf dem Computer-Monitor oder einem Fernsehgerät ist nicht alles – häufig wünscht man sich digitale Fotos auch auf Papier. In der Anfangszeit der digitalen Fotografie war dies ein echtes Hindernis, sowohl Kosten als auch Qualität betreffend. Die Situation hat sich inzwischen grundlegend verbessert: Drucker für zu Hause ermöglichen ansehnliche Resultate, und Internetdienste, Fotohandel bzw. Fotolabore belichten die angelieferten Bilddateien auf klassisches Fotopapier (mehr ab Seite 114). Vereinzelt gibt es sogar Digitalkameras oder Camcorder mit integriertem Kleinformat-Fotodrucker.

Faustregel für die erzielbare Printgröße
Die Pixelzahl durch 100 teilen – so erhält man ein Ausgabeformat in cm, das sich in guter Fotoqualität printen lässt.
Beispiel: 1280 x 1024 Pixel reichen für gute Ausdrucke um 13 x 10 cm.

Fotos selbst drucken

Für Ausdrucke, die an einen fotochemischen Laborprint heranreichen sollen, benötigt man einen Drucker, der »fotorealistische« Qualität liefert. Zwei Gerätetypen kommen für den Heimanwender in Frage: Tintenstrahldrucker und Halbtondrucker. Mit Preisen zwischen rund 150 und 500 Euro sind sie auch für den Amateur erschwinglich. Allerdings müssen die recht kostspieligen Verbrauchsmaterialien wie Tinte und Spezialpapier berücksichtigt werden. Auch über die teilweise viele Minuten langen Druckzeiten sollte man sich im Klaren sein.

Halbtondrucker können mit nur *einem* Druckpunkt den Farbton und die Intensität eines Bildpunktes vollständig wiedergeben (Druckauflösung = Bildauflösung). Bei der **Thermo-Farbsublimation** werden dazu wachsartige Farbstoffe von einem Träger durch Erhitzen genau dosierbar

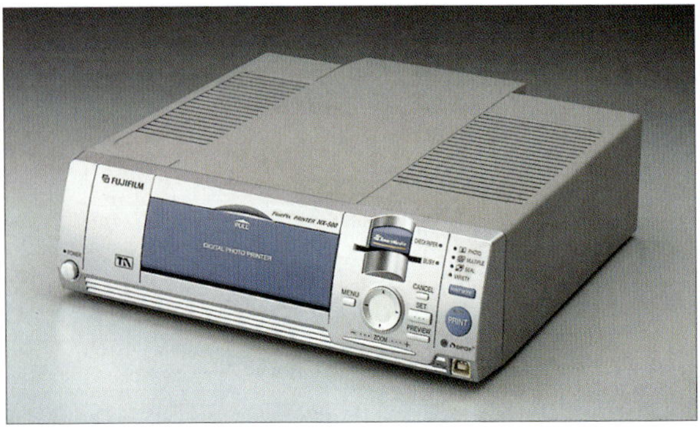

Halbtondrucker mit fast 17 Millionen Farben pro Bildpunkt liefern praktisch Fotoqualität. Der Fotoprinter FinePix NX-500 druckt nach dem Thermo-Autochrome-System mit 306 dpi im A6-Format. Er ist mit einem Einschub für SmartMedia-Karten ausgestattet. Foto: Fujifilm

auf spezielles Papier übertragen. Beim **Thermo-Autochrome-Verfahren** sind im Papier winzige Farbkapseln enthalten, die durch Laserdioden gezielt aktiviert werden. Diese Drucker für die quasi rasterfreie, realistische Fotodarstellung arbeiten mit einer relativ niedrigen Auflösung von typischerweise 200 oder 300 dpi, Geräte für kleine Formate begnügen sich mit 145 dpi. Das Bild einer 2,1-Megapixel-Kamera kann bei 200 dpi bis zum Format 20 x 15 cm ausgegeben werden. Weitere Beispiele stehen in unserer Tabelle auf Seite 113. Beim Vergleich technischer Daten unbedingt auf die tatsächliche Druckfläche achten! Gerade viele als Zubehör für Digitalkameras angebotene Sublimationsdrucker benutzen zwar das Papierformat DIN A6, bedrucken davon aber nur 8,5 x 11 cm. Halbtondrucker für größere Formate (bis DIN A3) sind aufgrund hoher Preise bisher der beruflichen Anwendung vorbehalten.

Tintenstrahldrucker müssen eine deutlich höhere Auflösung besitzen, weil sie die Farbnuancen durch Rasterung erzeugen (etliche »Druckpunkte« sind für einen Bildpunkt nötig). Die Fotodrucker unter den Tintenstrahlern bieten ein mit bloßem Auge kaum noch erkennbares Raster und erreichen hochwertige Ausdrucke durch technische Lösungen wie

Visuelle Farbkontrolle
Das VIT (Visual Image Testset) von Fujifilm hilft dabei, die Farbwiedergabe von Scanner, Monitor und Drucker aufeinander abzustimmen. Das Set besteht aus zwei Referenzbildern, einem Lichtprüfer und einer CD mit RGB-Referenzdateien (für Mac und PC).

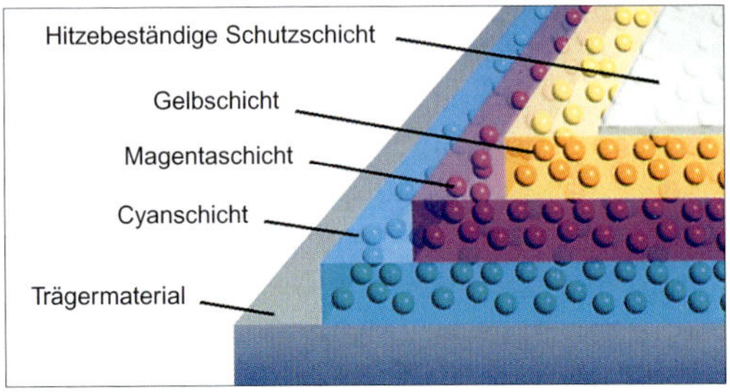

So funktioniert die Thermo-Autochrome-Technik: Das TA-Papier setzt sich aus drei Farbschichten zusammen. Die Farbstoffe sind in den Mikrokapseln jeder Schicht enthalten und werden durch die Hitze der Thermoköpfe im Drucker gezielt aktiviert. Jeder Bildpunkt kann rund 17 Millionen Farben darstellen. Grafik: Fujifilm

Spezielle Foto-Tintenstrahldrucker erreichen dank hoher Rasterpunkt-Auflösungen und ausgeklügelter Drucktechnologien Fotoqualität. Der HP Photosmart P1000 kann direkt von Kameras und Speicherkarten aus drucken. Foto: Hewlett Packard

hohe Punktdichten (bis 2880 dpi), dem Einsatz von mehr als drei Druckfarben oder das Übereinandersetzen (Mischen) der mikroskopisch kleinen Tintentropfen. Für optimale Ergebnisse muss Spezialpapier verwendet werden, das die Tinte schnell aufnimmt und ein diffuses Verlaufen der Druckpunkte verhindert. Die Hersteller verbessern auch ständig die Beschaffenheit der Drucktinten, um brillantere Farben, ein sattes Schwarz, hohe Abriebfestigkeit, schnelle Trocknung und vor allem eine höhere Beständigkeit der Ausdrucke zu erreichen. Denn zum Teil verblassen die Erzeugnisse aus Tintenstrahldruckern besonders unter starkem Lichteinfluss schon nach Wochen.

Welche Auflösung muss die Bilddatei besitzen, die auf einem Tintenstrahldrucker ausgegeben wird? Anders als beim

Canon entwickelte Bubble-Jet-Druckköpfe mit zwei Heizelementen je Düse. Werden beide eingesetzt, entsteht ein normal großer Tropfen. Wird nur ein Heizelement aktiviert, bildet sich eine Blase, die einen halb so großen Tintentropfen aus der Düse drängt. Das Zusammenspiel der kleinen und großen Druckpunkte sorgt für feine und natürliche Farbverläufe. Grafik: Canon

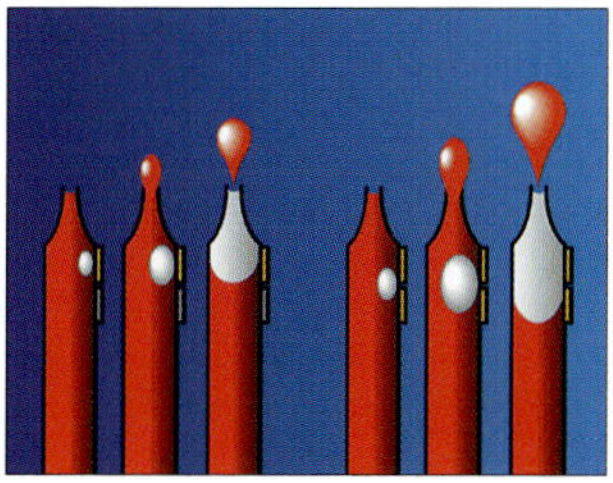

Die Anforderungen des menschlichen Auges an die Druckauflösung

Aus der zulässigen Unschärfe bei der Schärfentiefe-Bemessung in der Fotografie und vom Auflösungsvermögen des menschlichen Auges haben wir abgeleitet, wie hoch die Dichte an Bildpunkten bei normalen Betrachtungsbedingungen sein sollte. Als unterste Grenze errechneten wir eine Auflösung von etwa 130 bis 150 Bildpunkten pro inch (1 inch = 2,54 cm). Höchsten Anforderungen werden rund 300 Pixel/inch gerecht. Und tatsächlich entspricht dies den Auflösungen, die Fotodrucker nach dem Thermo-Farbdruckverfahren bieten. Wesentlich höhere Punktdichten überschreiten die Grenzauflösung des Auges und bringen normalerweise keinen zusätzlichen Nutzen, es sei denn bei Lupenbetrachtung. Andererseits kann man für großformatige Bilder, die aus größerem Abstand betrachtet werden sollen, mit entsprechend geringerer Druckauflösung auskommen.

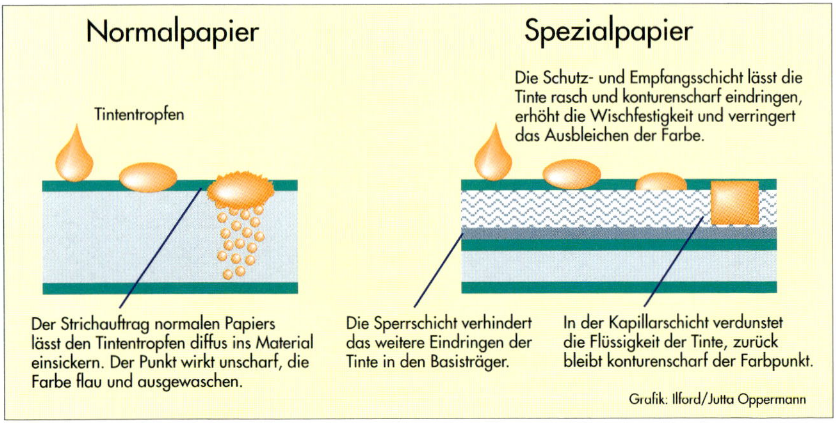

Halbtondruck mit der einfachen Formel »Druckerauflösung = Bildauflösung« handelt es sich hier um ein Rasterverfahren, und zwar mit zufälliger Streuung ohne feste Rasterweite. Eine Berechnung ist daher nicht möglich. Die Erfahrung hat gezeigt, dass 200 bis 300 ppi für beste Qualität ausreichen. Höhere Bildauflösungen bringen keine Vorteile, sondern wirken sich durch unhandliche Dateien und lange Rechenzeiten nachteilig aus.

Am Rande bemerkt: Bei einer Entscheidung zwischen Sublimations- bzw. Autochrome-Drucker und Tintenstrahler fällt unter Umständen auch ins Gewicht, dass letzterer universeller einsetzbar ist und auch als »Bürodrucker« dienen kann.

Tipps für die Aufbewahrung und Präsentation von Tintendruck-Bildern

Alle Farben verblassen oder verändern sich mit der Zeit. Ganz besonders die von Tintendrucken, wenn diese falsch aufbewahrt oder präsentiert werden. Die Verursacher der Veränderungen sind in erster Linie Temperatur, Licht, Feuchtigkeit und Schadstoffe. Natürlich reagiert jeder Print, abhängig von Tinte, Papier und Drucker verschieden und die Licht- und Lagerungsstabilität der Tintendrucke wird ständig verbessert. Vorsichtshalber bewahrt man alle wertvollen Tintenprints dunkel, trocken und kühl auf.
Ablagerungen von Fingerabdrücken können mit der Zeit die Farbstoffe beeinträchtigen. Wenn das Papier scharf durchgebogen wird, tritt oft so genannter Muschelbruch auf. Kunststoffhüllen mit Weichmachern sollte man tunlichst meiden, weil sie die Drucke beschädigen können. Auch Ausgasungen, z.B. in neuen Möbeln oder frisch gestrichenen Räumen, sind nicht gut für die Bilder.
Die Drucke, die man an der Wand präsentiert, sind zwangsläufig dem Licht ausgesetzt. Aber es muss ja nicht gerade die Stelle sein, die stundenlang vom hellen Tageslicht oder gar der Sonne beschienen wird. Die ultraviolette Strahlung ist am gefährlichsten – es empfehlen sich Abdeckgläser mit UV-Schutz.
Der Tintendruck soll wirklich trocken sein, viele Tage in trockener Umgebung liegen, bevor man ihn einrahmt. Sonst klebt schlimmstenfalls der Farbauftrag bald am Glas.

Bilddateien und damit erreichbare Wiedergabe- und Druckgrößen (in cm)

Bilddatei (Pixel)	Monitor	Tages-zeitung	Zeitschriften Bücher	Fotodruck/-belichtung mit Qualität ... ausreichend	gut	sehr gut
640 x 480	20 x 15	9,6 x 7,2	7,2 x 5,4	11 x 8,4	8,1 x 6,1	5,4 x 4,1
1024 x 768	32 x 24	15 x 11	12 x 8,7	18 x 14	13 x 9,8	8,7 x 6,5
1280 x 960	40 x 30	19 x 14	14 x 11	22 x 17	16 x 12	11 x 8,1
1600 x 1200	51 x 38	24 x 18	18 x 14	28 x 21	20 x 15	14 x 10
2048 x 1536	65 x 49	31 x 23	23 x 17	36 x 27	26 x 20	17 x 13
3072 x 2048	98 x 65	46 x 31	35 x 23	54 x 36	39 x 26	26 x 17

Als Bildauflösungen sind zugrunde gelegt: Monitor mit durchschnittlich 80 dpi, Zeitungsdruck Raster 85 lpi (170 ppi), Offsetdruck Raster 150 lpi (225 ppi). Tintenstrahldrucker, Thermo-Farbdrucker und Fotopapierbelichtung mit 145 dpi, 200 dpi und 300 dpi.

Weitere Druckverfahren

Bildauflösungen um die 200 ppi reichen auch für **Laserdrucker** (Schwarzweiß oder Farbe) aus, die gewöhnlich 600 oder 1200 Druckpunkte auf einen inch setzen und Graustufen bzw. Farbtöne ebenfalls durch Rasterung erzeugen. Legt man im Druckmenü eine Rasterweite fest, darf diese im Verhältnis zur Druckerauflösung nicht zu hoch gewählt werden, weil sich dadurch die Anzahl der darstellbaren Graustufen bzw. Farben reduziert. Die Rasterweite wird in Linien pro inch (lpi) oder Zentimeter (lpcm) angegeben und bestimmt den Abstand zwischen den aus mehreren Druckpunkten zusammengesetzten Rasterpunkten.

Beim **Buchdruck** beträgt die Rasterweite zum Beispiel 150 lpi, beim **Zeitungsdruck** nur 85 lpi (die Rasterpunkte sind mit dem bloßen Auge erkennbar). Hier gilt für die nötige Vorlagenauflösung, dass die Rasterweite mit einem Qualitätsfaktor zwischen 1,5 (ab 133 lpi) und 2 multipliziert wird. Beispiel: Ein Bild für

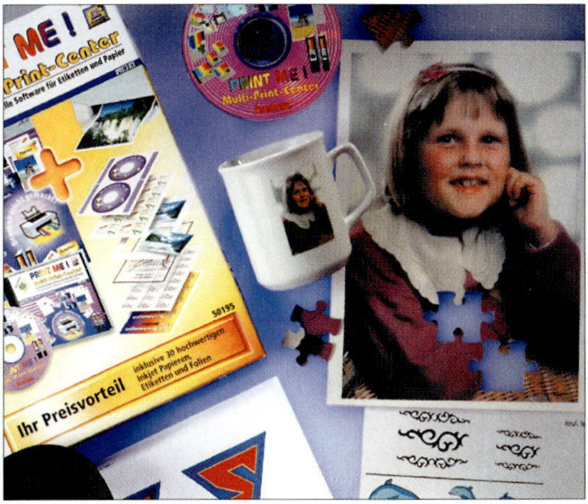

Was man so alles mit dem Tintenstrahler bedrucken kann: Puzzles, Mousepads, selbstklebende Textilbuttons und Transferfolien zum Dekorieren von Porzellan, Keramik, Glas oder Metall. Mit speziellem Transfermaterial lassen sich Textilien verschönern und auf hauchdünnen Folien Tattoos anfertigen. Foto: Hama

Die Torte mit persönlichem Foto wird vielerorts angeboten. Der Konditor braucht die Bilddaten (oder sonst eine Vorlage), druckt das Foto mit Lebensmitteltinte auf Zuckerfolie und gestaltet damit die Torte nach Wunsch. Das Ganze ist natürlich essbar.

den Zeitungsdruck sollte somit 170 ppi (85 lpi mal 2) aufweisen. Ein digitales Foto mit 1280 x 960 Pixel lässt sich dann immerhin 19 x 14 cm groß abdrucken.

Kuchen gelegt wird. Auch Fotodienstleister bieten an, Artikel wie T-Shirts, Tassen oder Maus-Pads mit digitalen Bildern zu verzieren.

Auf Spezialmaterialien drucken

Besonders für Tintenstrahldrucker gibt es ein riesiges Angebot an Druckmedien für allerlei Zwecke. Einige Beispiele: Strukturpapier, Overheadfolien, CD-Labels, Bannerpapier (Langformate), Aufkleber, Transparent-Haftfolien, Magnetfolien, wetter- und wasserfestes Material, Tattoo-Folien. Per Transferfolie lassen sich die digitalen Kunstwerke auch auf Tassen oder Textilien übertragen. Kurios sind Torten mit Bild: Hierfür kommen Druckerpatronen mit Lebensmittelfarben und eine essbare Folie zum Einsatz, die nach dem Bedrucken auf den

Heutzutage durchlaufen die meisten in Großlabors nach Filmnegativen und Dias angefertigten Prints ebenfalls die digitale Schiene. Sie werden digitalisiert (eingescannt), mit Computerhilfe optimiert und dann nach dem gleichen Prinzip, ja auf den gleichen Labormaschinen auf Fotopapier geprintet wie die aus Digitalkameras stammenden Bilddaten. Aus dieser Sicht gibt es also keine Qualitätsunterschiede.

Digitale Bilder auf echtem Fotopapier

Die Alternative zum eigenen Drucker bieten Fotohändler oder Foto-Dienstleister. Sie nehmen die Bilddateien des Kunden direkt oder »online« entgegen und liefern hochwertige Prints auf dem gleichen Fotopapier, das für Abzüge vom Negativfilm oder Dia benutzt wird. In der Werbung wird dies mit Begriffen wie »echte Fotos« oder »auf original Fotopapier« bezeichnet. Die Vorteile liegen auf der Hand: Man erhält Fotoabzüge bester Qualität, ohne erkennbares Raster, farbecht, langlebig und strapazierfähig. Die Preise für Prints in Standardgröße liegen nicht höher wie für

Qualitätsabzüge vom Film und sind damit deutlich günstiger als eigene Ausdrucke. Als größtes Bildformat wird fast immer 20 x 30 cm angeboten, teilweise auch Postergrößen. Der Preisvergleich zwischen den Anbietern lohnt sich, eventuelle Bearbeitungs- und Versandgebühren sind zu berücksichtigen.

Damit die Qualitätsvorzüge auch wirklich zum Tragen kommen, muss die Bildauflösung für das gewünschte Format ausreichend sein. Von den Anbietern gibt es hierzu Empfehlungen, zumeist einen Mindest- und einen Idealwert. Die Auflösung der Belichter liegt im allgemeinen zwischen 200 und 300 dpi. Die empfohlene Mindest-Pixelzahl bzw. die maximal erreichbare Printgröße ist oft auf nur 130 oder 150 dpi bezogen.

Die bei der Bestellannahme eingesetzte Software warnt bei Unterschreitung der minimalen Anforderungen. Umgekehrt sind höhere Auflösungen als 300 dpi unsinnig, denn sie bringen keinen Qualitätszuwachs, kosten unnötig Speicherplatz, Übertragungs- und Rechenzeit – und werden von manchen Dienstleistern zurückgewiesen oder mit einem Preisaufschlag belegt. Ist die Ausgabe-Auflösung bekannt, bringt man seine Dateien am besten vorher durch bikubische Interpolation auf die genauen Maße.

Das Seitenverhältnis von digitalen Bildern stimmt oft nicht mit dem der Standard-Printformate überein. Nach unseren Erfahrungen sieht die Lösung dieses Problems überwiegend so aus: Der Bildinhalt wird unter Ausnutzung der vollen Papierhöhe bzw. -breite komplett wiedergegeben und in der jeweils anderen Dimension bleiben weiße Ränder stehen. Ungünstiger ist die Belichtung des vollen Papierformats, wenn dabei ein Teil des Bildinhalts verloren geht. Auch Prints im 4:3-Seitenverhältnis 15 x 11 cm werden angeboten.

Die Software in der Vorstufe zur Ausbelichtung führt automatisch Bildoptimierungen durch. Empfehlung eines Dienstleisters: Um günstige Voraussetzungen für einen natürlichen Bildeindruck zu schaffen, sollte man bei Veränderungen der Farb-, Helligkeits- und Kontrastwerte des Guten nicht zuviel tun, vor allem aber die Bilder auf keinen Fall überschärfen. Wie immer gilt: »Probieren geht über Studieren«. Erst das fertige Bild, neben den Monitor gehalten, liefert Erfahrungswerte, wie das Ausgangsbild – beim jeweiligen Anbieter – für optimale Ergebnisse beschaffen sein muss. Häufig kann man Gratis-Angebote zum Ausprobieren in Anspruch nehmen.

Dias nach digitalen Bilddaten

Wenn digitale Bilder für Projektionszwecke auf Diafilm übertragen werden sollen, kann man den Diabelichter (Filmrecorder) eines Dienstleisters in Anspruch nehmen. Die Ausgabe-Auflösung dieser Geräte wird als Adressierbarkeit in »k« oder Linien angegeben. Diabelichter für Kleinbildfilm arbeiten bis 2k oder 4k, das bedeutet, bis zu 2048 oder 4096 Pixel werden über die längere Formatkante platziert. Um die Auflösung eines 2k-Belichters auszunutzen, müsste also ein Bild aus 2048 x 1366 Pixel zur Verfügung stehen (Seitenverhältnis 1,5:1). Dies entspricht einer 8 MB großen TIFF-Datei, für den 4k-Belichter wären es 32 MB. In der Praxis halten sich die Qualitätseinbußen in Grenzen, wenn die Datei nicht ganz die rechnerisch erforderliche Größe besitzt.
Eine preisgünstige Alternative ist das Abfotografieren des Monitorbildes mit einer Spiegelreflexkamera für Film (im Prinzip geschieht das gleiche in den meisten Diabelichtern). Richtig gemacht, bekommt man durchaus brauchbare Dias. Die Monitorauflösung liegt natürlich unter der Belichterauflösung – bei Bildern, die weniger Pixel als das Monitorbild haben, ist das aber kein großer Nachteil.

FDi – Digital Imaging Service

Das Angebot an Dienstleistungen rund ums digitale Bild wird immer größer und vielfältiger. Es gibt praktisch nichts mehr, was nicht geht – aus Daten werden Prints, aus Negativen und Dias werden Daten. Digitale Fotos lassen sich per E-Mail versenden oder im Internet aufbewahren. Es entsteht eine Infrastruktur, die zunehmend alle Print- und Kommunikations-Möglichkeiten miteinander verknüpft und vernetzt. Wir stellen am Beispiel von FDi konkrete Dienste vor, denn hinter diesem Kürzel steht ein umfassender Digitalbilder-Service.

Wie bekommt man Prints?

Viele Wege führen zu den gewünschten Prints nach Bilddaten. Beginnen wir mit der klassischen Methode: Der Fotohändler nimmt die Datenträger mit den digitalen Aufnahmen – genauso wie sonst Filme – entgegen und leitet sie oder die ausgelesenen Daten an ein Großlabor weiter, sofern er die Prints nicht selbst anfertigt.

Wer es nicht eilig hat, Spitzenprints auf echtem Fotopapier und Self-Service bevorzugt, bestellt seine Bilder an einem **Fujicolor order-it Terminal**, wie es schon viele Fachhändler im Laden stehen haben. Die Prints in Formaten ab 9 x 13 cm bis 20 x 30 cm kann man dann zwei bis drei Tage später abholen. Auf Wunsch werden die Bilder zusammen mit einer Bildbetrachtungs-Software auf einer Fujicolor CD gespeichert.

Oder man bestellt seine Bilder an einem Terminal wie dem **Digital Photo Center** und hält schon eine Stunde später hochwertige Digitalprints in Händen. Je nach Ausstattung vor Ort werden Digital Printer, Pictography-Geräte oder digitale Minilabs (z.B. das Fujifilm Minilab Frontier) als Ausgabegeräte eingesetzt. Letztere belichten die Daten auf Fotopapier, die anderen erstellen Qualitätsdrucke. Dank vorhandener Mustervorlagen kann man spezielle Prints wie Kalender, Passbilder, Grußkarten, Printkombinationen und Albumblätter gestalten und bestellen.

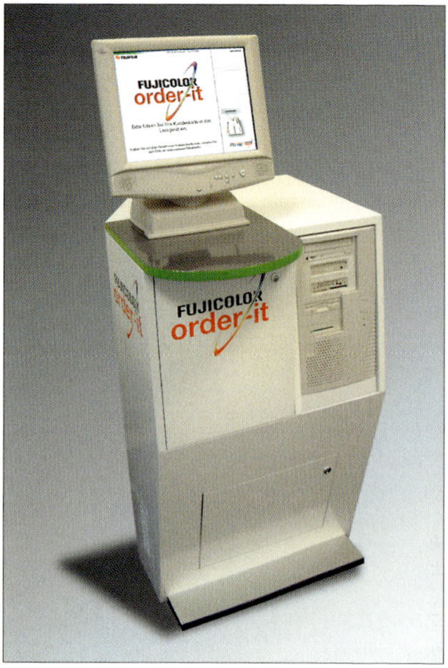

Am order-it Terminal kann der Kunde in Selbstbedienung seine Bilddaten von verschiedenen Speichermedien einlesen und Prints auf echtem Fotopapier bestellen. Eine Standort-Liste findet man unter www.fujicolor-order.net. Foto: Fujifilm

An der **D-PrintStation** kommt man per Selbstbedienung Minuten-schnell zu hervorragenden Bildern, die nach dem Thermo-Autochrome-Prinzip (s. S. 110) in Fotoqualität gedruckt werden. Verfügbar sind Einzelbild, Indexprint oder Multibild (2 bis 16 gleiche oder verschiedene Einzelbilder) auf den Formaten 9 x 13 cm und 13 x 18 cm.

Der schnellste Weg zum »digitalen Papierbild« führt über die D-PrintStation. Einfach die Speicherkarte einschieben und die Bilder am Monitor auswählen. Sofort werden über einen Thermo-Autochrome-Drucker die Prints ausgegeben. Foto: Fujifilm

Self-Service-Terminals akzeptieren je nach Modell digitale Medien wie gängige Speicherkarten (SmartMedia, CompactFlash, PC-Karten, Memory Stick), CDs, Microdrive usw. Erlaubt sind zahlreiche gängige Dateiformate. Per Touch-Screen oder Bedienfeld werden Printformate und Bildzahl festgelegt; sogar Möglichkeiten der Bildoptimierung sind häufig gegeben. Zum Beispiel lassen sich Ausschnitt und Farbbalance festlegen oder die roten Augen aus Blitzfotos entfernen.

Bilder über Internet bestellen

Für Digital-Fotografen mit Anschluss ans **Internet** wird die Fotobestellung noch direkter und komfortabler. Sie rufen die Homepage eines Online-Dienstleisters auf, geben ähnlich wie an den Terminals ihre Bestellungen ein und senden ihre Bilddateien über das Netz. Das kann je nach Dateigröße und Anzahl natürlich viele Minuten lang dauern. Werden komprimierte Bilddateien akzeptiert, wählt man eine verlustfreie oder wenigstens verlustarme Variante. Mehr über die erforderlichen Bildgrößen (Pixelwerte) steht auf Seite 115.

Das **Fujicolor order.net** ist rund um die Uhr von jedem Computer mit Internet-Anschluss unter www.fujicolor-order.net erreichbar. Es werden viele Dateiformate und Übertragungsarten (vom 28 K-Modem bis zu 128 K-ISDN und 2 Mbit) akzeptiert.

Bei seiner ersten Bestellung erhält der Kunde eine Kundenkarte mit der weltweit gültigen »Fujicolor Customer ID«. Sie ermöglicht den einfachen Zugang zu den order-it Terminals und zum Bestell- und Speicher-Service im Internet. Foto: Fujifilm

Fotopapier-Prints können über das Internet geordert werden. Man ruft die Webseite des Anbieters auf, wählt seine Bilder aus und gibt die Bestelldaten ein. Die Prints kommen mit der Post oder können bald darauf beim Fotohändler abgeholt werden.

Die durchschnittlichen Übertragungszeiten für 1 Megabyte liegen bei 7 min (28K-Modem), 3 min (64K-ISDN), 45 s (ADSL, T-DSL) und 6 s (2Mbit). Die fertigen Bilder auf echtem Fotopapier bekommt man per Post zugeschickt oder kann sie zwei bis drei Tage später beim Händler seiner Wahl abholen. Wer will, bekommt noch eine Archiv-CD mit den Bildern und einer Betrachtungs-Software mitgeliefert.

Wer die langen Übertragungszeiten verkürzen und Geld sparen möchte, kann die Software **Fujicolor easy-order** nutzen, die von www.fujicolor-order.net kostenlos heruntergeladen werden kann. Damit wird die Bildbestellung ohne Internet-Verbindung (offline) in aller Ruhe vorbereitet und erst nach dem Klick auf die Upload-Taste übertragen. Um die Datenmenge möglichst klein und die Übertragungszeit kurz zu halten, werden die Bilddateien vor dem Upload nahezu verlustfrei komprimiert.

Brücke zwischen Analog und Digital

Sie fotografieren auch auf Film und möchten diese Fotos auf dem Computer bearbeiten oder ins Internet stellen?
Kein Problem. Scanner besorgen die Umwandlung von Dias, Negativen oder Abzügen in digitale Bilddateien. Von da an gilt alles, was in diesem Buch über Fotos aus der Digitalkamera geschrieben steht. Wer von vornherein die Bilder eines Films auch als digitale Version haben möchte, kann beim Entwicklungsauftrag gleich eine CD mitbestellen. Auf der *Fujicolor-CD* zum Beispiel werden die Aufnahmen von KB- und APS-Negativfilmen in der Auflösung 1848 x 1240 Pixel gespeichert.

Noch mehr Service ums digitale Bild

Unter Begriffen wie Web-Album, Online-Album oder ähnlich wird auch die Speicherung der Bilder im Internet angeboten. Das kann nützlich sein, um größere Bild- und Datenmengen unterwegs los zu werden und Speicherkarten frei zu bekommen. Oder man macht die Web-Bilder für Freunde oder Verwandte zugänglich, die sie dann weltweit aufrufen und betrachten können. Oft bekommt man als Zugabe beim Digitalkamera- oder Computer-Kauf kostenlos Speicherplatz im Internet freigeschaltet. Fein heraus sind

Fotofreunde mit eigener Homepage, auf der sie einen mit Passwort geschützten Speicherbereich für ihre Bilder einrichten können.

Um die Nachbestellung der Bilder so einfach wie möglich zu gestalten und mehrfache zeitraubende Übertragungen zu vermeiden, speichert Fujicolor zukünftig die am Terminal oder online bestellten Bilder auf Wunsch kostenlos im Internet. Dort können sie angeschaut, anderen gezeigt oder nachbestellt werden. Die Aufbewahrungsdauer ist variabel und lässt sich durch Bildbestellungen oder das Löschen nicht mehr benötigter Bilder verlängern.

Unter www.fujifilm.de wurde die neue **PhotoFactory** des Fujiclubs eingerichtet. Hier kann jeder seine digitalen Bilder hochladen und nach Belieben bearbeiten. In der PhotoFactory stehen Online-Fotoalben in mehreren Designs zur Verfügung. Ins Party-, Hochzeits- oder Urlaubsalbum können die eigenen Bilder beliebig eingesetzt und beschriftet werden. Das Album erhält eine persönliche Internet-Adresse und bleibt auf Wunsch 90 Tage lang kostenlos gespeichert. PhotoFactory bietet auch Grußkarten und Fun Cards im Cartoon-Stil an, in die eigene Fotos eingesetzt und online verschickt werden können. Oder man gestaltet aus einer Reihe von Fotos eine Diaschau und teilt den Link Freunden, Bekannten oder Geschäftspartnern mit. Alle diese Services, die zukünftig erweitert werden sollen, können besonders komfortabel mit der Software FinePix Viewer genutzt werden, die jeder aktuellen Fujifilm Digitalkamera beigefügt ist.

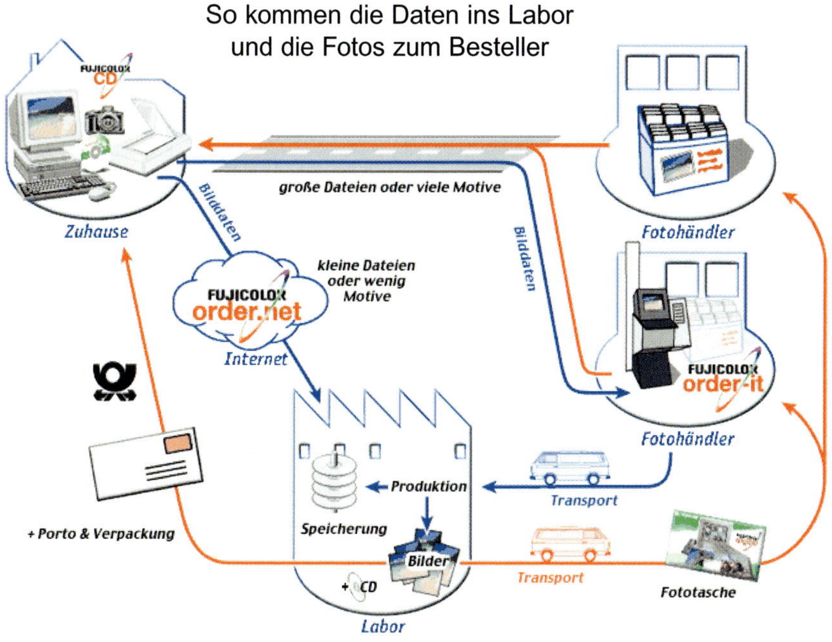

Von Still-Video zur Digital-Fotokamera

Seit den fünfziger Jahren lassen sich dank MAZ (Magnetischer AufZeichnung) Fernsehaufnahmen speichern, und **1964** wurde der erste Consumer-Videorekorder auf den Markt gebracht. Warum nicht auch Stehbilder magnetisch aufzeichnen, dachte man vielleicht bei Sony und präsentierte auf der Berliner Funkausstellung **1981** die Mavica als erste Kamera mit 2"-Diskette. MAVICA steht für MAgnetic VIdeo CAmera. Danach dauerte es noch Jahre, bis man die ersten, sehr teuren Still-Video-Kameras kaufen konnte.

Der CCD geht auf eine Entwicklung der Bell Laboratories von **1969** zurück. Fünf Jahre später wurde ein CCD mit 10.000 Pixel in einem Teleskop für Astro-Aufnahmen genutzt. Der Kodak Videoabtaster für Disc-Filme (**1982**) schaffte immerhin schon 360.000 Pixel. Zwei Jahre später hatten sich 38 Hersteller auf einen Standard für die Still-Video-Diskette geeinigt. Mitte der 80er-Jahre stellten innovative Firmen Still-Video-Systeme für Profis, beruflichen Einsatz und Amateure vor, darunter auch Rückwände für konventionelle Spiegelreflexkameras (Minolta). Die wenigsten dieser Geräte kamen auf den deutschen Markt – häufig scheiterte es an der Anpassung auf unser PAL-TV-System. Die 400.000 Pixel-Hürde nahm ein Fujifilm-Prototyp – 800.000 Pixel seien labormäßig realisiert, sagte ein Fujifilm-Wissenschaftler **1986**. Im darauf folgenden Jahr gab es bereits den Fujifilm Video-Print-Service und der Begriff »Imaging Systems« tauchte auf.

Zur photokina **1988** zeigten Fujifilm und Toshiba Digitalkamera-Prototypen mit 400.000 Pixel, SRAM-Chipkarte, Karten-Abspielgerät und Drucker. Kodak präsentiert **1989** einen Bildsensor mit vier Millionen Pixel und kündigt im Jahr darauf zur photokina die Photo CD an. Ebenfalls in Köln hörten Fachkreise von der weltweit ersten Kamera mit JPEG-Kompression, die **1991** als Fujifilm DS 100 vorgestellt wurde.

Anfang der 90er-Jahre nimmt das Interesse an der digitalen Fotografie deutlich zu. Digital-Flaggschiffe wie die weltweit erste digitale Spiegelreflexkamera Fujifilm DS 505 bereicherten **1995** ebenso das Angebot wie Computer-Kameras vom Typ der Apple Quick-Take 100. Mehr Anbie-

Sony Mavica 1981

Archiv Rainer Bücken

ter, steigende Auflösung, sinkende Preise kennzeichneten den Markt. Nun konnte man auch die Bilder auf einem Kamera-eigenen farbigen LCD betrachten, hatte eine Art »Sofortbild-Effekt«.

Ab **1997** betrieb Fujifilm erstmals einen Printservice via Internet. Die ersten Kameras nutzten SmartMedia-Speicherkarten. Eine Marktübersicht im Fotomagazin listet 27 Digital-Kameras auf, und die Fujifilm DS 300 wird mit dem EISA Award »European Camera of the Year 1997« ausgezeichnet. Begründung: »Erste kompakte digitale Kamera, die annähernd eine der analogen Fotografie vergleichbare Bildqualität liefert«. Dieses Urteil nahm das Leistungspotenzial der **1998** folgenden Fujifilm MX 700 vorweg, der weltweit ersten Digitalkamera für Consumer mit mehr als einer Million Pixel. Auf der CeBit in Hannover stellte Sony das neue Speichermedium »Memory Stick« vor, und auf der photokina in Köln gab es einen Dummy der digitalen Filmpatrone, einem Digitalfoto-Einsatz für Kleinbild-Spiegelreflexkameras, zu sehen. Das DPOF (Digital Print Order Format) wird von Canon, Kodak, Fujifilm und Matsushita standardisiert. Der photokina-Slogan »Neue Pixelrekorde, höhere Speicherkapazität, elegantes Design« trifft genau die 1998er-Situation.

1999 durchbricht Fujifilm mit den 2,3 Megapixel der MX 2700 die Zwei-Millionen-Pixel-Schallmauer im Consumer-Bereich. Fujifilm stellt den Super CCD mit seinen wabenförmig angeordneten, achteckigen Fotodioden vor, der erstmals in der FinePix 4700 Zoom eingesetzt wurde.

Für eine »Mobile Bildkommunikation der neuen Art« mittels Bluetooth arbeiten Nokia und Fujifilm zusammen – auf der photokina **2000** demonstriert Fujifilm die Bluetooth-Technologie mit der FinePix S1 Pro in Bluetooth Edition. Diese Spiegelreflex-Kamera hat Nikon-Wechseloptik und ist mit einem Super CCD im Halbformat 23 x 16 mm ausgerüstet. Olympus überrascht mit der semi-professionellen E-10, einer vielseitig ausgestatteten All-in-One-Kamera mit optischem Spiegelreflexsucher und Vier-Millionen-Pixel-CCD. Eine neue Art »SLR-Kamera« repräsentiert die Fujifilm FinePix 4900 Zoom mit ihrem elektronischen (LCD-)Sucher. Auch Spiegelreflexmodelle mit Sensoren im vollen Kleinbildformat sind auf der photokina 2000 zu sehen.

Kodak stellt den ersten CCD-Sensor mit 16,8 Megapixel vor und zeigt darauf basierende Rückteile für Mittelformatkameras. Zu dieser Zeit bieten viele Amateurkameras bis 2 Megapixel, einige haben

FinePix 4700 Zoom 2000

3 Megapixel und mehr. Wie wichtig die Übermittlung von Bilddaten per Telekommunikation zukünftig sein wird, lassen diese Exponate und Ankündigungen erahnen: Ricoh stellt die RDC-i700 mit Internet-Kommunikation vor, Kodak plant den digitalen Bilderrahmen mit Telefonanschluss und will einen Feldversuch »Interaktiver Fotoservice per Fernseher« in Kanada starten. Auch die Kamera auf dem Buchtitel, die Fujifilm FinePix 40i mit eingebautem MP3-Player war erstmals auf der photokina 2000 zu sehen.

Dienstleistungen ums digitale Bild werden vermehrt angeboten und etabliert. Auf der CeBit **2001** wird ein ganzes Paket unter dem Label FDi (für Fujifilm Digital Imaging Service) geschnürt, z.B. mit easy-order im Internet, order-it Bestell-Terminal und D-Print Station mit sofortigem Ausdruck. Auf der IFA in Berlin erweitert Eurocolor den FDi um share+order.

Kameras mit Vier-Megapixel-Sensoren gibt es 2001 von mehreren Herstellern. Zitieren wir aus Japan Camera Trade News 8/2001: »Industry turns to 4-megapixel digital cameras«. Minolta Dimage 7 und Sony Cybershot DCS-F707 haben als erste Amateurkameras die Fünf-Megapixel-Schwelle überschritten. Und Fujifilm wurde für den Super CCD mit dem Kosonocky Award ausgezeichnet.

Glossar

Aliasing — Treppenstufenförmiges Aussehen von eigentlich glatten Objektkanten im digitalen Bild.

Analog — Analoge Aufzeichnungssysteme speichern Informationen als stufenlose Werte.

APS — **A**dvanced **P**hoto **S**ystem für die Fotografie auf Film mit drei wählbaren Bildformaten (Filmformat 17 x 30 mm).

ATA — **A**dvanced **T**echnology **A**ttachment. Schnittstellen-Standard für Festplatten, der auch für Flash-Speicherkarten benutzt wird.

Auflösung — Angabe der Bildgröße durch die Anzahl der Bildpunkte gesamt oder in horizontaler und vertikaler Richtung. Bei Scannern und Druckern auch Punkte pro inch oder cm.

AVI — **A**udio **V**ideo **I**nterleaved. Dateiformat unter Windows zur Speicherung von bewegten Bildern mit Ton.

Backup — Sicherheitskopien von Dateien auf anderen Datenträgern, um bei Defekten den totalen Verlust zu verhindern.

Beamer — Video- oder Daten-Projektoren, die Monitorbilder an eine Wand projizieren. Auch Digitalkameras mit Video-Ausgang können als Quelle dienen.

Betriebssystem — Das vom Computer benötigte Grundprogramm für die Verwaltung von Dateien etc. Bekannte Beispiele: Windows (Microsoft), Mac OS (Apple), Linux.

Binärzahl — In der Computertechnik verwendetes Zahlensystem, das auf den Ziffern 0 und 1 aufbaut.

Bit — **Bi**nary digi**t**. Kleinste Informationseinheit, die von einem Computer verarbeitet wird. Ein Bit nimmt den Wert 1 oder 0 an, was den elektrischen Zuständen Ein und Aus entspricht.

Bitmap-Grafik — Ein digitales Bild, das aus einem regelmäßigen Raster von Bildpunkten besteht. Jeder Punkt wird durch eine bestimmte Anzahl von Bits definiert.

Blende — Variable Öffnung im Objektiv zum Steuern der einfallenden Lichtmenge. Die größte Blendenöffnung wird Lichtstärke genannt.

Blooming — Fällt auf ein CCD-Element zu viel Licht, läuft die elektrische Ladung in die benachbarten Pixel über, was im Bild störende Überstrahlungen hervorruft.

BMP — Gebräuchliches Dateiformat für Bitmap-Bilder unter Windows.

Brennweite — Objektive mit langer Brennweite bilden weit entfernte Objekte groß ab, während mit kurzen Brennweiten große Bildwinkel erfasst werden.

Browser — Computer-Programm zur Anzeige von Informationen. Browser für das Internet zeigen den Inhalt von Webseiten an.

Byte — Binärzahl aus 8 Bit, die 256 Werte darstellen kann. Maßeinheit für die Dateigröße.

CCD — Charge-Coupled Device. Eine Anordnung winziger lichtempfindlicher Halbleiterelemente zur Umwandlung von Licht in elektronische Informationen.

CD — Compact Disc. Runde Kunststoffscheibe zur digitalen Datenspeicherung. Wird mit einem Laserstrahl gelesen.

CD-ROM — Eine CD, die nur lesbar ist und nicht verändert werden kann.

CD-R, CD-RW — Eine CD Recordable kann einmal, eine CD ReWritable kann wiederholt beschrieben werden.

CMOS — Complementary Metal-Oxide Semiconductor. Halbleiterbauelement mit niedrigem Stromverbrauch und hoher Geschwindigkeit.

CMYK — Cyan (Türkis), Magenta, Yellow (Gelb). Farbmodell für die subtraktive Farbmischung (Druckverfahren). K steht für die separate Schwarz-Komponente.

Datei — Mit einem Namen gekennzeichnete, vollständige Datenmenge. Auch File genannt.

Dateiformat — Bestimmt die Art und Weise, wie Informationen (z.B. Bild, Text) in einer Datei gespeichert werden.

DCF — Design Rule for Camera File System. Richtlinie für Dateiformate, die den Austausch zwischen verschiedenen Kameras ermöglichen soll.

Digital — Datenverarbeitung auf Grundlage des binären Zahlensystems. Digitale Werte sind stufig.

Digital Imaging — Digitale Aufzeichnung, Verarbeitung, Speicherung und Ausgabe von Bildern.

Dithering — Rasterverfahren, das in Bitmap-Bildern mehr Farb- oder Graustufen erzeugt, als tatsächlich vorhanden sind.

Download — Übertragen von Dateien z.B. aus der Digitalkamera auf einen Computer.

Downsampling — Verkleinern eines digitalen Bildes durch Entfernen von Bildpunkten (Detailverlust).

dpi — dots per inch (Punkte auf 1 inch = 2,54 cm). Geometrische Auflösung von Druckern und anderen Ausgabegeräten.

DPOF — Digital Print Order Format. Ermöglicht Eingabe von Bildbestellungsdaten (Printauftrag) an der Digitalkamera.

Druckraster — Die Tonwerte eines Bildes werden beim Drucken durch verschieden große Rasterpunkte erzeugt, die in einem bestimmten Abstand (Rasterweite) und Winkel angeordnet sind.

DTP — Desktop Publishing. Herstellung von Publikationen auf dem Computer einschließlich professionellem Layout.

DVD — Digital Versatile Disc. Weiterentwicklung der CD mit vielfacher Speicherkapazität. Die DVD-Typen -RW, -RAM und +RW sind wieder beschreibbar.

EBV — Elektronische Bild-Verarbeitung. Abkürzung in Anlehnung an EDV.

E-Mail — Elektronische Post (Texte, Bilder etc.), die per Daten- oder Telefonleitung zwischen Computern verschickt wird.

EPS — Encapsulated PostScript. Dateiformat auf Basis von PostScript, einer Seitenbeschreibungssprache für Wiedergabe und Ausdruck von Bild-/Text-Dateien.

EVF — **E**lectronical **V**iew**F**inder. Kleines LCD im geschlossenen Suchersystem wird durch starke Lupe betrachtet. TTL-Sucher.

EXIF — **Ex**changeable **I**mage **F**ile. Dateiformat für Digitalkameras, das nicht nur die reinen Bildinformationen, sondern zusätzlich Aufnahmedaten speichert.

Farbrauschen — Fehlerhafte Wiedergabe, die in Form von andersfarbigen Bildpunkten in ursprünglich einfarbigen Flächen sichtbar wird.

Farbtemperatur — Kennzeichnet die Farbe von Lichtquellen (Maßeinheit Kelvin oder kurz K).

Farbtiefe — Anzahl der darstellbaren Farbabstufungen. Je mehr Bits für die Beschreibung eines Bildpunktes, umso größer die Anzahl der Farbnuancen.

FDi — **F**ujifilm **D**igital **i**maging Service. Umfassendes Dienstleistungs-System ums digitale Bild (von Fujifilm).

Firewire — Schnittstelle für sehr schnellen Datenaustausch zwischen Computer und Peripheriegeräten (auch Kameras).

FTP — **F**ile **T**ransfer **P**rotocol. Übertragungs-Protokoll für das Versenden oder Herunterladen von Dateien aus einem Netzwerk bzw. dem Internet.

GIF — **G**raphics **I**nterchange **F**ormat. Dateiformat für Bilder im Internet. Es komprimiert verlustfrei und eignet sich mit seinen 256 Farben am besten für grafische Inhalte.

Gradationskurve — Bietet Kontrolle über die Tonwert-Abstufung. Steile Gradationskurven entsprechen hohem, flache Kurven niedrigem Kontrast.

Halbton-Farbdrucker — Fotodrucker, die in jedem Druckpunkt alle Farbtöne wiedergeben können. Nach Prinzip Thermo-Farbsublimation oder Thermo-Autochrome.

Histogramm — Diagramm, das den Tonwertumfang eines Bildes grafisch darstellt, wobei die Balkenhöhe angibt, wie häufig der Tonwert vorkommt.

Interpolation — Rechnerische Erhöhung oder Absenkung der Pixelzahl im Bild. Bikubische Interpolation berücksichtigt alle Nachbarpixel für die Neubildung von Punkten.

IrDA — **I**nfrared **D**ata **A**ssociation. Steht für Datenübertragung mittels unsichtbarer infraroter Strahlung.

ISO — **I**nternational **S**tandards **O**rganisation. In der Fotografie stehen ISO-Werte für die Lichtempfindlichkeit von Film oder Sensor (Bsp. ISO 100/21°).

JPEG — Von der **J**oint **P**hotographic **E**xperts **G**roup entwickeltes Dateiformat für die Komprimierung digitaler Echtfarb-Bilder (Kompressionsstärke einstellbar).

Kompatibilität — Uneingeschränkte Kombinierbarkeit von verschiedenen Geräten.

Komprimierung — Verringerung der Datenmenge ohne oder mit Informationsverlust (Bsp. JPEG).

LCD — **L**iquid **C**ristal **D**isplay. Nicht selbst leuchtende Flüssigkristall-Anzeige.

lpi — **l**ines **p**er **i**nch (Linien pro inch = 2,54 cm). Maß für die Rasterweite (Rasterfeinheit) gedruckter Bilder.

Modem — **Mo**dulator/**dem**odulator. Überträgt digitale Daten als Tonsignale.

Moiré — Störmuster, das durch Überlagerungen regelmäßiger Strukturen entsteht (z.B. Muster von Bildsensor und Objekt).

Monochrom — Einfarbig. Monochrom sind Schwarzweiß-Bilder mit oder ohne Graustufen.

MPEG — **M**otion **P**icture **E**xpert **G**roup. Standard für platzsparendes Speichern von digitalen Video-Aufnahmen.

PAL — Standard für Farb-TV-System in Europa u.a. (NTSC in USA und Japan).

PCD — Datenformat für Kodak **P**hoto **CD**. Die Bilder werden in verschiedenen Auflösungen gespeichert.

PCMCIA — **P**ersonal **C**omputer **M**emory **C**ard **I**nformation **A**ssociation. Speicherkarten-Standard (PC-Card).

PICT — Dateiformat unter Mac OS für Bitmap-Bilder in Bildschirmauflösung.

Pixel — Kurzwort für Picture Element (einzelner Bildpunkt, kleinstes Bildelement).

Plug-in — Software, die Bildbearbeitungsprogramme um bestimmte Funktionen erweitert.

ppi — **p**ixel **p**er **i**nch (Bildpunkte pro inch = 2,54 cm). Auflösung von Eingabegeräten wie Scanner etc.

RAM — **R**andom **A**ccess **M**emory. Flüchtiger Arbeitsspeicher für wahlfreien Zugriff.

RGB — **R**ot, **G**rün, **B**lau. Farbmodell für additive Farbmischung aus Grundfarben.

ROM — **R**ead **O**nly **M**emory. Speicher deren Daten nur gelesen, aber nicht verändert werden können.

Server — Rechner mit zentraler Funktion in einem Netzwerk, z.B. im Internet.

SSFDC — **S**olide **S**tate **F**loppy **D**isc **C**ard. Standard für Mini-Speicherkarten vom Typ SmartMedia.

Super CCD — Bildsensor von Fujifilm mit wabenförmig angeordneten, achteckigen Fotodioden. Die Elemente sind dichter gepackt und größer als üblich.

TFT-LCD — Hochwertige Farb-Displays auf Basis von **T**hin **F**ilm **T**ransistor.

Thumbnail — (engl. für Daumennagel). Miniaturbilder in Daumennagel-Größe.

TIFF — **T**agged **I**mage **F**ile **F**ormat. Ein gebräuchliches Dateiformat für Bitmap-Bilder, das von den meisten Programmen unterstützt wird.

TTL — **T**hrough **T**he **L**ens. Messung durch Objektiv für Belichtung und Scharfeinstellung (Autofokus). Auch TTL-Sucher.

Unscharf maskieren — Bevorzugte Methode zum nachträglichen Schärfen von Bildern (irreführender Begriff stammt aus konventioneller Reprografie).

USB — **U**niversal **S**erial **B**us. Vielseitiger Anschluss für serielle Datenübertragung mit hoher Geschwindigkeit.

Web-Site — Gesamte Präsenz eines Anbieters im Internet (World Wide Web).

Weißabgleich — Dient zur Anpassung an Lichtquellen, deren Lichtfarbe vom Tageslicht-Standard abweicht.

Zoomobjektiv — Objektiv mit in bestimmten Grenzen veränderlicher Brennweite (Vario-Objektiv).

Sachregister